AF591925

JACQUES VALDOUR

Sous la griffe de Moscou

OBSERVATIONS VÉCUES

ERNEST FLAMMARION, ÉDITEUR

Sous la griffe de Moscou

DU MÊME AUTEUR

Chez le même éditeur :

OUVRIERS CATHOLIQUES ET ROYALISTES. Romans-sur-Isère et Decazeville (*Observations vécues*).

Chez d'autres éditeurs :

SCIENCE SOCIALE

LA MÉTHODE CONCRÈTE EN SCIENCE SOCIALE.

RÉPONSE A QUELQUES OBJECTIONS

LES MÉTHODES EN SCIENCE SOCIALE (*Etude historique et critique*).

LA DOCTRINE CORPORATIVE.

LIBÉRAUX, SOCIALISTES, CATHOLIQUES SOCIAUX.

LE PROBLÈME OUVRIER

Série « LA VIE OUVRIÈRE » (*Observations vécues*).

LA VIE OUVRIÈRE.

LES MARINIERS.

L'OUVRIER AGRICOLE.

LES MINEURS.

DEUX CHAUFFEURS-CONDUCTEURS.

L'OUVRIER ESPAGNOL.

OUVRIERS PARISIENS D'APRÈS-GUERRE (*Couronné par l'Académie française et l'Académie des Sciences morales*).

ATELIERS ET TAUDIS DE LA BANLIEUE DE PARIS.

DE LA POPINQU' A MÉNILMUCHE.

LE FAUBOURG.

LA MENACE ROUGE (ouvriers de Touraine).

LE GLISSEMENT (ouvriers de Cholet, Le Mans, Nantes).

VOYAGES

AUX PAYS DES DEUX NILS.

JACQUES VALDOUR

LA VIE OUVRIÈRE

Sous la griffe de Moscou

Ouvriers de Paris (La Chapelle), de Billancourt et d'Issy

OBSERVATIONS VÉCUES

ERNEST FLAMMARION, ÉDITEUR
26, RUE RACINE, PARIS

INTRODUCTION

Explorant depuis 1924 les milieux ouvriers de province, j'avais perdu le contact avec les ouvriers de la région parisienne. Revenu, après trois années, au milieu de ceux-ci, j'ai été surtout frappé par les progrès considérables, rapides et vraiment inquiétants, du communisme.

Le communisme a beaucoup gagné en extension et en puissance d'organisation. Il constitue aujourd'hui, sous la haute direction de l'ambassade des Soviets, un véritable État dans l'État dont il est tout prêt à s'emparer dans une crise de violence si ses complices camouflés du Cégétisme et du Cartel ne vont pas assez vite dans leur besogne de socialisation légale progressive.

Trois coups de sonde ont été donnés : en banlieue, à Issy-les-Moulineaux, puis à Boulogne-Billancourt ; à Paris, dans le quartier de La Chapelle.

Sous la griffe de Moscou

CHAPITRE PREMIER

DANS LA BANLIEUE.

§ 1. — *Une usine de métallurgie à Issy-les-Moulineaux.*

Depuis le début de 1927, le chômage sévit (1). Au cours de l'été, la crise atteint l'industrie de l'automobile : Citroën et Renault renvoient un grand nombre d'ouvriers. A Billancourt, où j'ai pris gîte dans l'espoir d'y trouver du travail, aucune usine n'embauche. Pendant huit jours, je cherche en vain. Enfin, je parviens à me faire inscrire, mais dans une usine d'Issy-les-Moulineaux, à une demi-heure de tramway de chez

(1) V. dans *La Production française*, 10 et 25 octobre, 10 novembre 1927, la relation qu'en a donnée Ch. Smet, mon collaborateur et ami.

moi : c'est une perte de temps et d'argent ; encore suis-je fort heureux, même au prix d'un surcroît de fatigue et de dépense, d'être admis à franchir le seuil d'un atelier.

Beaucoup d'ouvriers demeurent fort loin d'Issy, à Paris ou dans quelque commune de la banlieue. La bicyclette ou le tramway, parfois la motocyclette, leur sert de moyen de transport. Le « métro » de la Porte Saint-Cloud amène de Billancourt et en emmène quantité d'ouvriers, notamment de l'usine Renault : entre cinq et six heures du soir, il est envahi par la foule des travailleurs et, aussitôt, *L'Humanité* s'étale dans un grand nombre de mains ; un soir, près de moi, se tiennent deux jeunes gens d'une vingtaine d'années; l'un porte des vêtements de travail; l'autre, des habits bourgeois; des déracinés, qui ont gardé l'accent rural. Le jeune ouvrier lit *L'Humanité*. L'autre lui dit : « Je fais le valet de chambre ». Et le jeune lecteur du journal communiste répond : « Ça vaut mieux que les usines ». Matin et soir, les tramways en circulation entre Paris et la banlieue, entre Billancourt et Issy, sont plus nombreux, leurs départs plus fréquents; des billets d'aller et retour à prix réduit sont délivrés; c'est pour moi une dépense quotidienne de soixante centimes.

L'usine possède un garage pour bicyclettes ; les vestiaires et lavabos sont convenablement installés. Une caisse de compensation pour allocations familiales fonctionne, ainsi qu'un service d'infirmières-visiteuses ; des primes de prénatalité sont accordées, ainsi que des primes pour « les bonnes idées », c'est-à-dire pour les petites améliorations techniques ou inventions diverses dont les ouvriers seraient les auteurs. Il y a même des « primes de régularité » allouées aux ouvriers qui, au cours de leur quinzaine, ne sont jamais arrivés en retard, et des « primes aux bons professionnels », c'est-à-dire aux ouvriers les plus habiles.

L'état d'esprit de mes camarades semble, au premier abord, fort bon : ils sont travailleurs, ponctuels ; pendant tout le commencement de mon séjour, je ne surprends aucune réflexion particulièrement malsonnante.

Au vestiaire, trois jeunes hommes de vingt-trois à vingt-cinq ans, parlent d'une prise de voile au couvent : « J'y ai assisté, dit l'un d'eux. C'est émouvant. Ça ne devrait pas se faire, ces choses-là ! Tout le monde pleure, le père, la mère... — Moi, intervient le second, c'est une prise de froc que je voudrais voir... tiens ! chez les Trappistes !... — Il y en a, interrompt le troisième, qui ne restent pas là dedans. Ils s'en vont. — Ça n'est pas possible pour les Carmélites, objecte le premier : elles sont enfermées derrière des grilles. Les Trappistes, ils restent deux ans avant que ce soit définitif : le temps de voir si ça leur convient. — Ça serait drôle, reprend le second, d'aller y passer six mois pour voir comment ça se goupille ! — Les Carmélites, reprend le premier, ne peuvent pas s'en aller parce que, pour y entrer, il faut donner des sous, des mille et des cents... des centaines de mille francs... et, si on s'en va, on les perd ! — J'ai travaillé dans un Carmel, ajoute le troisième, pour faire des réparations. J'ai vu les Carmélites... — C'est pas vrai ! s'écrient les deux autres. C'est pas possible ! — J'te dis qu'si ! Mais elles avaient leur voile : j'ai pas vu les figures... » Ils tiennent ces propos d'un air curieux et amusé ; aucune animosité anticléricale ou antireligieuse ne s'y fait sentir. Des détails exacts se mêlent à des préjugés fantaisistes : celui de Carmélites prisonnières par peur de perdre « des mille et des cents », les « centaines de mille francs » qu'elles auraient dû verser pour y entrer ; ou l'idée que n'importe qui puisse s'installer pour six mois dans un noviciat, histoire de voir « comment ça se goupille ».

Quelques jours se passent et le même sujet de conversation est effleuré par les trois ouvriers, très brièvement car l'intérêt en paraît tout de même épuisé ; l'un d'eux se borne à assurer que, « chez les Trappistes, c'est cinq ans qu'ils restent au couvent avant de s'engager pour la vie. Ils ont le temps de voir si ça leur plaît... Et on en renvoie !... » Sans doute tient-il ce renseignement de quelque personne pieuse, de sa parenté ou du voisinage. Il se place près de moi, au restaurant : il lit *Le Journal* et, le même jour, au cours du repas, il manifeste ses sympathies pour Sacco et Vanzetti, les deux anarchistes italiens condamnés à mort aux États-Unis et en faveur desquels une campagne menée par *L'Humanité*, qui entraîne derrière elle tous les journaux de gauche, bat son plein.

Deux de mes voisins de vestiaire échangent,

un jour, quelques mots à ce sujet : « Toute cette agitation ne servira à rien. A la réunion de la mairie, ce soir, il y aura trois ou quatre c... qui se feront coffrer. Voilà tout... Et puis, l'Amérique ne cédera pas : ils ont là-bas des hommes à poigne, au gouvernement ! C'est pas comme chez nous ! — En tout cas, réplique son camarade, ces deux hommes condamnés et pas exécutés depuis des années, c'est louche, cette affaire-là !... »

Un autre jour, un homme de vingt-cinq à vingt-sept ans demande à ses voisins : « Vous avez conservé bon souvenir du régiment, vous autres ?... Pas moi ! » Ces mots sont jetés sans acrimonie et ils ne suscitent aucune réflexion antimilitariste.

Une autre fois, tout en passant leurs « *bleus* » (1), plusieurs parlent de leurs feuilles d'impôt sur le revenu, qu'ils viennent de recevoir. Ils ne se plaignent pas d'être obligés de l'acquitter. Ils gagnent, chacun, de dix à douze mille francs l'an. « Je n'avais déclaré que neuf mille, dit l'un d'eux. Mais j'ai tout de même été

(1) Vêtements de travail en toile bleue.

imposé sur onze mille. C'est bien, en effet, ce que je gagne ! Comment l'ont-ils su ! (1). — Tu as eu de la veine, remarque un de ses camarades, de n'avoir pas été frappé d'amende. — C'est à toi de faire ta déclaration ! ajoute un autre. Il faut que tu la fasses !... — Ceux qui ont des enfants, dit un quatrième, paient moins et ils paient d'autant moins qu'ils ont plus d'enfants. — Oh ! reprend le premier, les mômes, on s'en passe bien ! On est heureux sans ça ! » La conversation s'achève sur cette affreuse pensée que j'entendrai exprimer d'autres fois. Ils acceptent le fisc. Ils se dérobent au sentiment de la paternité. Cet ouvrier lit *Le Journal*. Sans doute n'est-il pas atteint par le socialisme et sa propagande néo-malthusienne. Mais il lui suffit d'être touché par le mouvement général des idées, dont la IIIe République s'est faite la semeuse, pour être gangrené.

Une autre réflexion de vestiaire est en rapport à la fois avec un sentiment touchant de solidarité ouvrière et avec la propagande socialiste qui

(1) Il ne se doutait pas que les patrons doivent communiquer au fisc les noms de leurs employés et ouvriers et le montant des sommes qui leur ont été versées.

exploite pour ses fins subversives ce sentiment :

« Le contremaître, déclare un camarade, m'a demandé de faire une heure supplémentaire. Mais j'ai refusé : il y en assez qui sont sur le pavé ! Qu'on les embauche ! »

Après l'exécution de Sacco et Venzetti, je surprends cette remarque : « La justice américaine n'a pas voulu avoir l'air de s'être trompée, ni de céder à la pression des manifestants. »

Peu nombreux sont les ouvriers qui arrivent à l'usine en lisant leur journal. Ceux-là lisent généralement *Le Journal, Excelsior* et *Le Petit Parisien*, parfois *L'Œuvre* (aux mains des ouvriers les mieux vêtus), très rarement *L'Humanité.*

Les salaires, plus élevés que ceux d'avant-guerre, permettent aux salariés de prendre certains soins qui leur étaient autrefois interdits : plusieurs parmi mes compagnons ont des dents en or. Sans doute aussi la connaissance de l'hygiène dentaire est-elle plus répandue. L'habillement est fort négligé ; quelques ouvriers seulement portent chapeau mou, faux-col mou et cravate ; un plus grand nombre sont élégamment chaussés.

Je fais partie d'une équipe qui compte cinq hommes, une femme et un chef d'équipe. Chacun de nous conduit une machine-outil, sans rester affecté toujours à la même machine. Mes compagnons sont sérieux, laborieux, consciencieusement appliqués à leur tâche. On sent chez eux un grand désir de donner satisfaction à leurs chefs et de garder la place qui leur permet de vivre. A l'arrivée, le matin, nous échangeons un « Bonjour, Monsieur ! » et quelques propos incolores. Pendant toute la séance, les machines ronflent et l'on abat de la besogne.

Je suis habituellement employé à une perceuse et à une taraudeuse, quelquefois à un tour, à une raboteuse, une fraiseuse, à la meule, à l'étau. Le tour qu'on me confie est compliqué et d'un maniement délicat qui exige du non-professionnel une attention soutenue. Il me faut une journée pour bien apprendre à le conduire. Au début, je mets quinze minutes à transformer une pièce chronométrée à huit minutes : une longue habitude est nécessaire pour débiter à ce rythme officiel. Il s'agit de percer ou calibrer ou raboter des pièces diverses. Les deux premiers jours, mon apprentissage est cause de deux ou trois ruptures du foret et du loupage de quatre ou cinq pièces. La pièce à transformer tourne sur une plaque en mouvement ; l'outil est fixe · une tourelle porte le foret et l'alésoir ; une autre, deux outils à raboter. Le chef d'équipe procède au réglage, fort minutieux. J'ai été mis également sur un tour à aléser, celui-ci facile à conduire.

Une bonne camaraderie règne entre nous. Un des compagnons me donne spontanément, de temps à autre, une explication, un conseil, pour me guider dans mon travail. Cet homme — trente-cinq ans environ — fort intelligent et fort entendu aux choses de son métier, s'explique avec une clarté et une concision étonnantes, disant tout ce qu'il faut dire, rien de plus, en peu de mots. Le chef d'équipe donne un ordre, mais ne sait pas l'expliquer.

Comme je fais remarquer à l'un de mes camarades, âgé d'une trentaine d'années : « La crise de chômage s'accentue. Pourvu qu'elle ne se prolonge pas trop ! — Ça ne peut pas durer, me répond-il. D'abord, les patrons y perdent leurs capitaux et alors les ouvriers s'en ressentent, en souffrent, les commerçants aussi et tout le monde. Car, fait-il remarquer avec beaucoup de bon sens, tout se tient et, si les uns souffrent, tous les autres en éprouvent les effets... » Sa première réflexion est peu justifiée : bien des crises se prolongent, quelque souffrance qu'elles provoquent ; c'est que leurs causes sont multiples et qu'il ne suffit pas, pour les faire disparaître, de la bonne volonté et des efforts de ceux à qui elles nuisent ; la politique générale de l'État et même la constitution de l'État peuvent être tenues pour responsables. Enfin, il arrive que l'État, même bien constitué, demeure impuissant. La dernière remarque de mon camarade est, au contraire, excellente : elle met en évidence la grande loi fondamentale de la solidarité sociale et la nécessité, qui en résulte pour tous les membres d'une société, de collaborer au bien public pour sauvegarder leurs intérêts particuliers.

« ... Ça n'ira pas trop mal jusqu'aux élections, poursuit-il, parce qu'*ils* ont besoin de nous pour ce moment-là. » Bien dit ! Bonne critique d'un régime politique qui ne subsiste que parce qu'il trompe ceux dont il dépend, les réduisant par le mensonge sous sa propre dépendance. Mais pourquoi mon compagnon ne va-t-il pas jusqu'au bout de sa critique, jusqu'à la condamnation et au rejet de ce régime désastreux ? et pourquoi ne voit-il pas clair dans les moyens de restaurer l'État français? En ces matières, il lui manque d'être instruit et guidé, débarrassé de la broussaille des sottises courantes et préjugés vulgaires et initié aux vrais principes. La condition de l'ouvrier n'est pas seulement faite d'indigence, précarité, déséquilibre matériels, mais, en dépit des plus beaux dons naturels, de la misère morale et intellectuelle qui est, elle aussi, le fait du régime.

Un jour, le dessinateur entre dans l'atelier de mon équipe et s'occupe à l'étude d'une machine-outil. Il en démonte et remonte une pièce mobile. Mon voisin se penche vers moi et, ironiquement : « Regardez-le donc faire du montage... Il se croit intelligent.. » Remarque où se découvre l'hostilité du salarié manuel contre le salarié intellectuel. Cet ouvrier éprouve une joie mauvaise à surprendre sur son terrain le dessinateur : il y voit un empiètement sur son domaine où, pense-t-il, l'infériorité de l'ouvrier intellectuel doit nécessairement éclater. Il semble éprouver quelque rancune de le voir tenter de faire montre d'habileté ou de savoir en une matière dont il n'est pas directement chargé.

Un après-midi le chef d'équipe informe les « compagnons », qui déjà faisaient deux heures supplémentaires, soit onze heures (au lieu de neuf heures et la semaine anglaise), qu'ils devront, pendant quelque temps, donner treize heures de travail quotidien, pour lesquelles ils seront payés quatorze heures. Après cette communication et pendant toute la fin de la journée, les hommes gardent une mine renfrognée, maussade, me répondant à peine si je leur adresse par hasard un mot, au lieu de se montrer, comme auparavant, aimables et même enjoués. Ils vont cependant réaliser des gains exceptionnels : à cinq ou six francs l'heure et payés 14 heures pour 13 heures de travail, ils toucheront de 70 à 84 francs par jour. Mais cet exemple nous montre très clairement que l'homme n'est pas une machine à produire et à gagner. Ces ouvriers songent à leur vie humaine, celle qu'ils mènent en dehors et à côté de l'usine, à leur vie de distractions ou de devoirs, à leur vie de famille : qu'en restera-t-il s'ils passent 13 heures à l'atelier ? Ils songent aussi que les forces humaines ont des limites qu'il ne vaut rien de franchir. Aussi, au vestiaire, beaucoup grognent-ils contre cette exigence ; quelques-uns même déclarent préférer partir.

Le lendemain, un de mes camarades s'est résigné : « La journée de treize heures, soit ! Ça ne fait toujours pas de mal au porte-monnaie ! On a donné la journée de huit heures à l'ouvrier, mais non le moyen de vivre avec le salaire de huit heures de travail. Celui qui n'a pas autre chose derrière lui, il lui faut, par le temps qui court, au prix où est la vie et au prix dont le travail est payé, travailler dix heures ! »

Des commandes urgentes ont sans doute motivé les heures supplémentaires exceptionnellement exigées par la Direction de l'usine. L'industrie, surtout celle de l'automobile, est souvent soumise à de brusques à-coups que le régime économique libéral rend inévitables et dont tous les producteurs souffrent, surtout les ouvriers.

Il semblerait qu'en présence de travaux nombreux et pressés, l'usine dût embaucher du personnel : le ralentissement des affaires dans les autres entreprises, provoquant du chômage, rendrait son recrutement facile.

Mais il ne faut pas oublier que cette augmentation passagère du nombre des ouvriers surchargerait les bureaux et peut-être obligerait d'accroître le nombre de ces employés que les ouvriers tiennent pour des parasites : d'où, l'augmentation des frais généraux. En outre, cette fièvre de production tombée, le licenciement, après quelques semaines, des nouveaux embauchés provoquerait un vif mécontentement.

Le problème revient donc à chercher les moyens de réglementer la production en l'ajustant aux besoins de la consommation et aux légitimes exigences de la vie ouvrière. Le libéralisme économique y a échoué : il n'a produit que le désordre. Le démocratisme étatiste ne serait pas moins impuissant et causerait des troubles plus graves encore : l'État n'est pas qualifié pour résoudre le problème posé ; il ne peut efficacement qu'aider les producteurs à fournir cette solution ; puis, il peut unifier leur action en régularisant leurs initiatives. Ce sont les producteurs qui sont compétents pour régler la production. Mais cette compétence ne peut s'exercer que par un organe approprié qui permette à la volonté éclairée des intéressés de se traduire : cela suppose une entente concertée, une institution permanente, par conséquent, qui établisse entre les producteurs des rapports réguliers leur permettant d'enquêter, de délibérer, de prendre des décisions et d'en assurer l'exécution. Mais une telle institution ne peut être que la profession organisée corporativement.

... Au hasard des conversations surprises, je recueille le témoignage des jugements exacts ou faux que des ouvriers énoncent suivant les influences qui se sont exercées sur leur esprit.

Ainsi, comme j'approche de la grille de l'usine, deux ouvriers qui s'y rendent d'un pas plus rapide me rejoignent et me dépassent peu à peu. L'un d'eux disait : « ... Les socialistes accusent les capitalistes, les patrons, d'être les auteurs de la vie chère et ils proposent comme remède à cette situation la Révolution. Cela me fait penser aux manants du Moyen Age qui, manquant de pain par l'effet d'une mauvaise récolte, accusaient leur seigneur de les affamer et mettaient le feu à son château. Le seigneur avait peut-être sa part de responsabilité dans la misère des paysans ; mais il est sûr que l'incendie de son château ne leur donnait pas de pain... » Ce raisonnement est correct. Il révèle le bon sens de son auteur. Beaucoup d'ouvriers font preuve de ce bel équilibre intellectuel lorsque les fumées de l'erreur et des préjugés n'obscurcissent pas leur pensée. Mais, même lorsqu'ils sont capables de juger correctement, leur influence reste nulle parce qu'ils ignorent les principes essentiels et manquent de doctrine, parce qu'aussi ils sont isolés et ne disposent d'aucun moyen de diffusion de leurs saines idées.

L'État, par tous les moyens dont il dispose, entretient l'ignorance et répand l'erreur ; et, comme si cette nocivité active et directe ne suffisait pas, il laisse toute liberté aux prédicateurs du mal et même, par mille complicités avouées ou secrètes, les favorise. Ainsi, pendant que j'attends le tramway pour, ma journée finie, regagner ma chambre, j'entends deux ouvriers d'une cinquantaine d'années, assis à côté de moi sur un banc, échanger ces propos : « ... Toute la question est de faire le moins d'enfants possibles — Parfaitement! car ce serait faire des malheureux, de la chair à canon, des esclaves ! On n'est pas sur terre pour faire des esclaves ! ou, du moins, pour en faire le moins possible !... » L'expérience actuelle leur a cependant prouvé que la restriction volontaire, en appauvrissant la nation, y appelle l'invasion pacifique des travailleurs étrangers et l'invasion sanglante des armées ennemies. Mais ce suicide néo-malthusien de la patrie et de la race est le fruit de la prédication laïque de la République opportuno-radicale et de la prédication matérialiste et socialiste des républicains révolutionnaires. On en retrouve jusqu'aux formules stéréotypées dans la bouche de ces malheureux, abrutis par toutes les erreurs que la Semeuse propage à pleines mains partout et aussi loin que la puissance de l'État, qu'elle détient, le lui permet

La puissante campagne menée en faveur de Sacco et Vanzetti par *L'Humanité*, que suivent les journaux de gauche, permet aux Unitaires d'accentuer leur propagande subversive. Le Parti communiste décide de provoquer, un certain lundi, une grève de 24 heures en manière de protestation contre la menace d'exécution imminente de la sentence de mort dont les deux révolutionnaires sont l'objet. Devant la porte des usines, ce matin-là, les agents révolutionnaires — des ouvriers de 25 à 30 ans — haranguent les travailleurs qui se préparent à entrer dans les ateliers. Leur succès est très inégal suivant les usines et les localités. A Issy, devant la grille, à sept heures et quart, je trouve deux hommes porteurs d'une pancarte manuscrite où je lis : « Sauvez Sacco et Vanzetti en faisant grève aujourd'hui ! Tous aux meetings ! » Et ils crient aux arrivants : « Allons ! camarades ! n'entrez pas ! manifestez ! » Ils n'obtiennent aucun succès. Un de mes compagnons, franchissant le seuil, murmure : « S'il avait fait beau, il y aurait eu des grévistes. Mais avec cette pluie... » Une pluie torrentielle qui ne cesse pas depuis deux heures... Après le déjeuner, à une heure et quart, la pluie ayant cessé, ils sont quatre porteurs de pancartes et quatre aboyeurs hurlant : « Camarades, manifestez!... N'entrez pas!... Tous aux meetings !... Si vous entrez, si vous touchez à vos outils, vous aurez les mains tachées du sang de vos deux frères, Sacco et Vanzetti! Sauvez-les!... Si vous entrez, vous renforcez la puissance patronale qui vous exploite!... Allons! camarades, du courage! Que la majorité d'entre vous reste dehors!... » Les ouvriers font cercle, les regardent et les écoutent en silence. Et, de temps à autre, un groupe se détache et entre; puis, tous, finalement.

Chez Renault, à Billancourt, le chômage a été insignifiant et un ami (1) qui y travaille me dit qu'un de ses camarades d'atelier lui a fait cette réflexion : « Si c'était des Français, au moins ! Mais des Italiens, on s'en f...! » Voilà le nationalisme réel et latent de nos ouvriers qui, parfois, se croient internationalistes.

Jusque-là, les ouvriers de cette usine me donnaient l'impression que leur état d'esprit était satisfaisant. Il ne semblait pas que ce personnel laborieux fût acquis aux idées révolutionnaires ou accessible à leur contagion. Ce calme de surface me surprenait et avivait mon désir de descendre plus avant dans la pensée de ces travailleurs. Je n'oubliais pas que nous étions entrés dans une période d'activité industrielle très ralentie, que le chômage menaçait de durer, sinon

(1) Mon collaborateur V. Degand. — Voir la relation qu'il a donnée de son enquête ouvrière dans *La Production française*, 25 Janvier et 10 Février 1928.

de s'étendre : aussi chacun, sentant les mauvais jours venus, connaissait-il tout le prix de la place qu'il avait pu conserver, ne craignant rien tant que de la perdre ; il fallait donc éviter toute manifestation inopportune, dangereuse même, sacrifier les idées au souci du pain quotidien, refouler au fond de soi-même des convictions très chères.

D'ailleurs, quelques indices, surpris à la longue dans l'intimité d'un coude à coude de tous les instants, m'avaient laissé deviner que le feu couvait sous la cendre. Ainsi, un matin, j'arrive à l'usine avant l'ouverture du portail; bon nombre d'ouvriers attendaient déjà; lorsque la grille est tirée : « Les portes de la prison ! » s'exclame-t-on à côté de moi. Une fois ou deux, par la suite, je vois en mains *L'Humanité*. Certainement, l'état d'esprit de cette maison est aussi peu mauvais qu'il est possible; mais, certainement aussi, la blessure est là, profonde et cachée. Il suffira d'un incident pour révéler les secrètes affinités que les partisans et agents de la Révolution trouvent dans tous les cœurs, plus ou moins consciemment complices. L'affaire Sacco-Vanzetti va me le fournir.

... La matinée vient de s'achever. Il est midi. Au vestiaire, où chacun se hâte de se laver et de se rhabiller, le bruit circule, venu, on ne sait comment, du dehors, qu'une édition spéciale de *L'Humanité* annonce l'électrocution de Sacco et Vanzetti. Un murmure de réprobation court de bouche en bouche. La campagne de presse, méthodiquement et vigoureusement menée depuis longtemps en faveur des deux condamnés, porte ses fruits. J'en avais entendu parler pour la première fois, un an plus tôt, à Romans et cette affaire, de toute évidence très artificiellement montée, me paraissait alors peu susceptible d'un appréciable rendement. Il avait cependant suffi d'y mettre une indomptable ténacité et d'y dépenser beaucoup d'argent pour vaincre l'indifférence et l'inertie du public. Un ouvrier s'écrie : « Fuller (1) fera bien de faire griller ses fenêtres ! » Un autre : « On n'attend pas sept ans (2) pour en venir là ! » Un troisième : « Gare les bombes ! »

Dans les rues, à la sortie, de nombreux salariés

(1) Le juge qui condamna les deux Italiens.
(2) En raison de divers appels et de la lenteur de la procédure, plusieurs années s'étaient écoulées entre le jugement et son application.

passent, tenant en main le numéro spécial du journal communiste. Au restaurant, toutes les conversations roulent sur ce sujet et les plus indifférents prennent parti pour les exécutés.

Le lendemain soir, le mardi 23 août, l'émeute se déchaîne sur plusieurs quartiers de Paris. Pendant qu'une manifestation communiste, annoncée sur les grands boulevards où elle a provoqué la concentration de forces policières imposantes, s'y déroule et cause quelques bagarres, des bandes révolutionnaires, se conformant à la consigne donnée l'avant-veille au meeting du Pré-Saint-Gervais, parcourent le joyeux quartier de Montmartre où elles font voler en éclats les vitres des établissements de nuit pendant que d'autres troupes, méthodiquement mobilisées et manœuvrées, mettent à sac les boutiques du Boulevard Sébastopol.

Le mercredi matin, *L'Humanité* relate longuement ces incidents, que *Le Petit Parisien* rapporte sous le titre caractéristique de : « Soir d'émeute à Paris ». Aux abords de l'usine, de nombreux numéros de *L'Humanité* sont en main, déployés, et les ouvriers, avant d'entrer, les lisent avidement.

Au vestiaire, c'est un long frémissement de joie. Les désordres de Montmartre et des Boulevards sont commentés vivement et j'entends ce cri : « *L'American Legion* ne défilera pas dans Paris ! » consigne également donnée par les orateurs communistes aux deux meetings de la Grange-aux-Belles et au Pré-Saint-Gervais.

Au restaurant, à Issy, à midi, les lecteurs habituels du *Journal*, du *Petit Parisien*, du *Canard enchaîné*, de *L'Humanité*, parlent de l'exécution des deux anarchistes avec colère et des manifestations, dont Paris a été le théâtre, avec orgueil et avec joie, avec un accent de triomphe.

Le véritable esprit de la classe ouvrière vient de se révéler : quelque journal qu'ils lisent, ils sont tous possédés par la même trompeuse espérance, le grand jour de la libération est proche ! L'exécution lointaine, outre-Océan, d'une sentence judiciaire soulève une vague de fond. Notre société, affaiblie par la Révolution dite française, qui en a détruit les organes essentiels, et pourrie par cinquante ans de République, ressemble à une pièce de bois qui, privée de substance, menace, à la moindre pression anormale, de se rompre. Contre ces forces de ruine, innombrables et puissamment encadrées et menées, la plupart des forces sociales qui survivent encore à la dissipation du trésor chrétien, à la rupture du pivot monarchique, à la dissolution des corps sociaux, ne sont trop souvent représentées que par ce que mes compagnons de travail appellent des « cornichons », des « nouilles » et des « ballots ». En vérité, l'ennemi a beau jeu. Pour qu'il gagne la partie, il ne lui manque plus que d'anéantir les derniers bastions de résistance et de rénovation. Et le sort de la Russie et du Mexique sera celui de la France.

Lorsqu'après le déjeuner je rentre à l'usine, l'émotion est loin de se calmer. Un ouvrier s'écrie, d'un accent joyeux : « Ah ! au boulevard Sébasto, hein ? ils en ont fait !... Les vitriers auront du travail !... » Et un autre : « Au 19 septembre [1], ça recommencera ! Et mieux encore ! » La satisfaction est générale.

Il en va de même, à Billancourt, dans les restaurants et cafés où je me rends ce même soir. Une demi-douzaine d'ouvriers dînent près de moi ; pendant tout le repas, ils manifestent une

(1) Jour fixé pour le défilé de la Légion américaine à travers Paris.

grande indignation de l'exécution des deux anarchistes italiens. Dans un cabaret, cinq ouvriers approuvent avec force les manifestations de la veille : « L'armée, affirme l'un, c'est le tombeau des intelligences. J'en suis revenu complètement abruti ! — L'exécution de Sacco et Vanzetti, crie un autre, c'est un crime infâme ! — Oui, ajoute un troisième, les avoir fait souffrir comme ça pendant six ans, c'est pire que de la barbarie ! — Attends le 19 septembre ! gronde le quatrième. *L'American Legion* ne défilera pas !... Ou ce sera une petite Commune ! — Ah ! ça n'est pas fini, cette affaire-là ! menace le dernier... Et puis, attendez voir les élections d'avril prochain, comment ça va tourner !... Y a pas à dire : les manifestations ont été mondiales !... »

Six jours après l'émeute, je venais d'entrer dans une usine de Billancourt : au vestiaire, une demi-douzaine de mes nouveaux compagnons, hommes de vingt-cinq à quarante ans, parlaient encore de cette manifestation bolchevique, énumérant avec orgueil les dégâts et pillages dont elle avait été l'occasion.

Il m'apparaissait donc très nettement que,

dans leur ensemble, les salariés de cette partie de la banlieue, sous l'influence d'une campagne de presse bien menée pendant un long temps, avaient plus ou moins consciemment adopté la thèse communiste de la justice de classe et, tenant l'exécution de la sentence américaine pour une mesure de rigueur dirigée contre la classe ouvrière, vibraient à l'unisson contre les gouvernements « bourgeois » et « capitalistes »; que, par suite, la dévastation de deux quartiers de Paris leur apparaissait comme le prélude de la Grande Révolution qui allait amener, pour l'affranchissement et la revanche des salariés, la Dictature du Prolétariat.

Taine, s'il avait décrit ces manifestations de violence et de pillage, aurait parlé d' « anarchie spontanée ». Il n'y a pas eu plus d'anarchie spontanée le soir du 23 août 1927, à Paris, qu'au début et tout au long de la Révolution française. Tous ces désordres, dans les deux cas, ont été parfaitement organisés à l'avance, de longue main. Mais, depuis 1789, le genre a été singulièrement perfectionné. La brève émeute du 23 août est l'œuvre réfléchie, méditée, combinée, savamment mise au point et habilement déclanchée, d'un état-major révolutionnaire dirigeant ses troupes et leurs cadres et éveillant, par une campagne de presse et de discours, la sympathie des éléments encore épars et passifs de la masse ouvrière. Cette petite émeute n'a été qu'un essai de mobilisation partielle des forces communistes et qu'une répétition, sur un coin étroitement délimité de la capitale, de la Révolution. Dans la coulisse, le gouvernement des Soviets se tient prêt à renverser le gouvernement légal et à s'installer au pouvoir.

L'aspect tranquille, l'activité laborieuse, la bonne tenue du personnel d'une usine ne doivent pas faire illusion. Le mal est profond et caché. D'être soustrait aux regards, il n'est que plus grave. Nous en sommes davantage trompés. Depuis 1924, la propagande communiste se fait de plus en plus souterraine. Le secret dont elle s'enveloppe accroît le péril qu'elle crée. Dans l'usine d'Issy, un ouvrier très appliqué et très ponctuel avait cependant éveillé les soupçons du directeur du personnel par sa fréquentation connue des réunions communistes locales ; mais son travail n'autorisait pas le moindre reproche. Un jour cependant, sans avoir prévenu ses chefs, il s'absente : cas de renvoi prévu par le règlement. Le directeur du personnel le fait appeler et lui donne congé. L'homme parcourt aussitôt les ateliers en criant : « Camarades ! on me chasse parce que je suis votre délégué ! » Le directeur du personnel n'en savait rien ! Il a beau se rendre dans les ateliers et donner la vraie raison de ce renvoi, c'est aussitôt, dans toute l'usine, en manière de protestation, une grève générale des bras croisés qui dure cinq minutes. Ce fait montre, même dans un milieu où l'esprit est aussi satisfaisant que possible, non seulement la puissance de la solidarité ouvrière, mais la généralisation de l'idée socialiste.

Le directeur de l'usine, homme énergique, intelligent et expérimenté, estime qu'on devrait se préoccuper, beaucoup plus qu'on ne le fait, d'améliorer le sort des ouvriers. Il tient les trois quarts d'entre eux pour doués d'une excellente nature, ayant de grandes qualités d'esprit, de caractère et de cœur, mais aussi pour des ignorants dont les meneurs font sans peine leur jouet : il manque aux victimes une culture appropriée et l'aide de conseillers désintéressés.

Personnellement, ce directeur a aidé de ses

propres deniers plus d'un ouvrier de l'usine à acheter un terrain et à construire une maison ; plusieurs, victimes de leur inexpérience, se sont fait voler par leur vendeur ; un autre, laborieux et économe, a entrepris d'ouvrir un petit garage, mais, ignorant jusqu'aux règles les plus élémentaires des affaires les plus simples, signant sans comprendre, perdu au milieu d'engagements, de traites, dont il ne comprenait ni la signification, ni la portée, il a dû bien vite liquider à perte et revenir à l'usine comme salarié. La compétence et le dévouement du directeur ne le mettent à l'abri, ni de l'hostilité sourde que crée l'esprit de lutte de classe, de haine de l'autorité, ni de rancunes personnelles et de l'envie; il lui est arrivé, traversant les ateliers, de recevoir sur ses vêtements de l'huile ou un torchon malpropre que laissait choir la maladresse calculée d'un ouvrier; une fois même, une lourde clef anglaise, qui aurait pu le tuer, le frôla. Il affecta toujours de n'y pas prendre garde, feignant de ne s'apercevoir de rien. Un jour, comme il adressait des reproches à un tourneur, celui-ci au comble de la fureur, saisit une clef et lève le bras pour l'en frapper, mais, brusquement, s'arrête. Le directeur, sans dire un mot, s'éloigne. Un quart d'heure ne s'est pas écoulé que l'homme, saisi de remords et se faisant justice, vient le trouver dans son bureau, disant : « Je quitte la maison. Après ce que j'ai failli faire, je ne dois pas y rester ». Le directeur a beau lui donner l'assurance qu'il ne tient aucun compte de son geste coupable, qu'il l'a déjà oublié, et le presser de rester à son poste : l'homme ne veut rien entendre; il a honte de lui-même; il se tient pour indigne; il part. Au bout d'une quinzaine de jours, le directeur, le sachant sans ouvrage, le fait redemander, obtient enfin son consentement et le réintègre dans ses fonctions. Dans cet incident, nous surprenons et mesurons la force de haine que dégage et la poussée de violence que provoque la prédication socialiste chez un homme cependant droit, honnête, capable de se condamner lui-même, de s'infliger inflexiblement une sanction. Si des ouvriers, doués d'une si excellente nature, étaient instruits, éclairés, disciplinés, moralisés, ils feraient merveille.

§ 2. — *Une usine de métallurgie à Billancourt.*

Je suis embauché comme manœuvre et affecté au service du magasin d'un atelier de machines-outils. Nous travaillons neuf heures par jour et nous observons la semaine anglaise. Je suis payé 3 fr. 30 l'heure, soit 158 fr. 40 par semaine, autrement dit 26 fr. 40 pour une journée de huit heures, ce qui me donne 22 fr. 60 pour chacun des sept jours de la semaine. Je suis chargé de compter les pièces livrées et, soit de transporter des pièces dans d'autres magasins, soit de livrer de la matière première aux hommes ou femmes spécialisés sur machines.

Comme à l'usine d'Issy, les ouvriers, quelques-uns exceptés, sont complètement rasés : l'américanisme triomphe. Alors qu'autrefois le port de la casquette à l'atelier était de règle, beaucoup de jeunes restent tête nue ; parfois, l'un d'eux porte un mince demi-cercle de fer pour tenir sa chevelure aplatie; il est inévitable que, les femmes coupant leurs cheveux comme les garçons, ceux-ci se mettent à porter l'équivalent d'un peigne de femme : tout n'est-il pas à l'envers dans notre société ?... Un certain nombre de jeunes ouvriers, de dix-huit à vingt-cinq ans, sont finement chaussés de souliers en chevreau; mais les vêtements des jours de travail sont fort ordinaires et très usagés ; quelques élégants portent seulement le faux-col mou et la cravate.

Le chômage sévit ici comme partout : plus de la moitié des machines-outils, dépourvues de servants, sont au repos. Dans une usine d'avions, voisine, règne la même désolation : l'État ne donne plus de commandes. Notre aviation, militaire ou commerciale, comparée à celle des principales nations, ne cesse de descendre à un rang plus bas. Et la menace de guerre plane partout, grandit. Telle est l'incurie du régime républicain démocratique, quelques années après la sanglante leçon de la « Grande Guerre ».

Les bâtiments sont neufs, amples, bien éclairés. Le vestiaire est convenablement installé. « Si j'avais des rentes, déclare en changeant d'habits un homme d'une cinquantaine d'années, je ne serais pas ici... Si tu crois, dit-il à son voisin, que je travaille pour mon plaisir... » Sans doute! Bien rares, ceux qui travaillent pour leur plaisir ! Bien rares aussi ceux qui ne se plient pas à la loi du travail ! et, d'ordinaire, ce privilège tourne à leur confusion.

... L'ivrognerie est un fait exceptionnel. Un lundi, comme nous nous lavons les mains, j'entends parler ironiquement d'un camarade dont on dit : « Il a fallu, hier soir, le ramener chez lui. Il avait le mal de tête ». Toutefois, non loin de mon armoire, un alcoolique, âgé de trente-cinq ans, fait sa toilette au milieu de ses quatre voisins; il est pâle, maigre : « Moi, fait-il, je prends mes huit à dix apéritifs par jour ! — C'est pour ça que tu es crevé! — Oh! reprend le malheureux éthylique, c'est les Picon qui ne valent rien !... Mais les autres... » Tous ses camarades haussent les épaules.

Au vestiaire aussi, un communiste et trois sympathisants échangent les rapides réflexions suivantes :

L'un. — « La vie est chère !... Les légumes ..

Le communiste. — « Quatre sous la tomate chez le paysan et dix-huit sous à Paris...

Tous. — « C'est les octrois ! les impôts !

Un d'eux. — « Il leur faut de l'argent pour payer leurs fonctionnaires ! Ils n'en ont jamais assez, de fonctionnaires !...

Un autre, ironiquement. — « Je vais me mettre fonctionnaire... flic ! »

Rire général.

Mais aucun ne discerne que, trop d'impôts et trop de fonctionnaires, c'est tout le régime républicain, le fait de toute démocratie et l'essence même du socialisme. Pour asseoir un gouvernement sur le sol mouvant de l'opinion, l'accroissement indéfini du nombre des fonctionnaires inutiles au bien de l'État s'impose : ils fournissent au gouvernement dont ils dépendent un des éléments de stabilité qui lui font défaut. Ils servent aussi de monnaie d'échange et de moyen de corruption électorale et parlementaire, car. pour conquérir l'opinion ou une majorité ministérielle, il n'est moyen plus efficace que l'appât de nouvelles places promises aux électeurs ou à leurs élus. Ainsi, tout, dans le mécanisme des institutions, conspire à créer et augmenter un poids mort dont la partie vivante, active, productrice, de la nation est écrasée.

Un jour, pendant que le personnel est au travail dans les ateliers, un inconnu s'introduit dans le vestiaire et vole le veston et le chandail d'un jeune homme. Aussitôt, les camarades d'atelier de la victime ouvrent en sa faveur une souscription qui donne 80 francs. C'est un exemple très net et tout à fait touchant de l'esprit de charité fraternelle qui anime les ouvriers et les amène à s'entr'aider généreusement. Le jeune homme a affiché dans l'atelier une note manuscrite où il remercie ses camarades de leur geste de sympathie. Par tout le vestiaire court, comme une rumeur : « On devrait le fermer pendant les heures de travail ou y laisser un gardien à demeure. Il est arrivé déjà qu'on a pris 50 francs dans une armoire et, une autre fois, cent !... »

Au magasin, je reçois des pièces livrées par les tourneurs, les perceurs, les décolleteuses ; je les compte, j'y joins les « bons » qui fournissent l'indication de leur nombre et de leur qualité et je place le tout dans le casier numéroté, destiné à le recevoir. D'autres « bons » enregistrent le mouvement des différentes pièces, leur origine, leur passage en diverses mains. Ainsi est tenue à jour une comptabilité minutieuse qui fait régner partout un ordre parfait.

Ce rouage administratif de la fabrication, l'ouvrier des machines-outils le dédaigne, si même il ne l'ignore; les employés qui en assurent le bon fonctionnement, l'ouvrier des machines-outils les tient trop ordinairement pour des parasites. Cependant, sans ce rouage, comment la machine-usine pourrait-elle fonctionner ? Cette « paperasserie », qui répond à une nécessité, offre un grave danger : l'excès. L'intérêt de l'entreprise privée se confondant avec celui du patron, le patron déploie toute sa vigilance pour réduire ce chapitre des frais généraux et non pour l'accroître : il fait la guerre à toute dépense inutile. Il évite ainsi un excès de bureaucratie qui deviendrait rapidement mortel, qui est, au contraire, de règle dans les entreprises d'État sous le régime impersonnel et irresponsable du gouvernement républicain, et qui se développe jusqu'au désastre, dont il enveloppait la menace, lorsque le régime républicain-parlementaire, parvenant au terme de son évolution normale, s'est mué en régime socialiste : la Russie socialisée est submergée sous le flot des paperasses qui grossit en même temps qu'un déficit sans remède.

Dans le magasin où je reçois et classe les pièces livrées par les ouvriers et munies de leurs fiches, je me rends également compte que chaque ouvrier de l'atelier, travaillant aux pièces, est comme un artisan-petit patron qui louerait à un entrepreneur, local et outillage pour se livrer à la fabrication et lui achèterait à crédit la matière première ou le produit à demi-manufacturé. Chaque ouvrier devient un petit entrepreneur auquel un grand entrepreneur épargne mille soucis, pertes de temps et responsabilités. La caisse centrale lui évite d'engager le moindre capital. La direction générale lui épargne toute initiative et préoccupation d'agencement et de surveillance. Dans son atelier, où il trouve les machines nécessaires, le magasin de l'outillage lui fournit les outils dont il a besoin, le magasin des pièces lui livre la matière en cours d'usinage et la lui reprend en tenant compte du travail qu'il a exécuté, de la « façon » dont il est l'auteur, de l'opération nouvelle qu'il a ajoutée aux opérations précédentes. L'usine est comme une immense coopérative où tous les services exigés par les multiples opérations de la fabrication sont contractés de manière à assurer la plus grande rapidité de l'exécution et le meilleur marché du produit, tout en évitant au « façonnier » tous les risques de l'entreprise que le grand patron, le chef unique, le maître, placé au centre et au sommet de l'affaire, endosse seul.

Le magasin de matière première de notre atelier s'approvisionne à un magasin général de tubes et barres d'acier, dont le chef, homme d'une cinquantaine d'années, fort intelligent et très entendu aux choses de son service, commande, sur ce territoire où il règne, avec une autorité intransigeante qu'il claironne parfois sur un ton éclatant. Comme je suis envoyé pour lui demander s'il n'a pas de tubes à nous livrer : « J'ai déjà dit », déclare-t-il, péremptoire et tranchant, « à celui qui vous envoie, qu'il n'a pas à s'en préoccuper ! Quand j'aurai quelque chose pour lui, je le lui ferai savoir ! Je sais ce que j'ai à faire! Inutile d'y songer pour moi!... » Ventre dressé, tête en arrière, regardant son interlocuteur de haut, le ton impérieux, le verbe cassant, il a, certes, on le sent, une haute opinion de lui-même. De fait, il domine la situation où il est placé et mène à la perfection le département qui lui est confié.

Dans cette grosse maison à personnel réduit, le personnel des cadres apparaît en un singulier relief et se montre d'excellente qualité; ces chefs subalternes, cessant d'être noyés dans une multitude d'ouvriers, s'offrent mieux à l'analyse; ils se montrent compétents, actifs, dévoués à leur tâche. Ces ouvriers parvenus à une petite situation intermédiaire, véritables sous-officiers et vétérans, mettent étonnamment en évidence les puissantes qualités communes à la multitude des salariés français, refoulées et trop souvent abolies par l'absence de culture morale et religieuse, générale et technique, et par le foisonnement de préjugés que la propagande socialiste répand et qu'un gouvernement électif exploite parce qu'il en vit.

De même, les ouvriers conservés en ce temps d'affaires difficiles sont les meilleurs : ils se montrent très appliqués à leur tâche.

Il est rare qu'un chef d'équipe ou un compagnon, l'un pour me commander, l'autre pour me demander directement comme un service ce qu'il pourrait me faire ordonner par le chef d'équipe, ne me dise : « Si ça ne vous dérange pas, pourriez-vous me porter cela ?... » Ou toute autre formule polie.

Mais, malgré la sélection du personnel, ce sont

les adolescents qui, obéissant aux influences de l'école et de la rue, aux manières de plus en plus relâchées qui ont cours dans les milieux populaires ainsi qu'aux autres niveaux de la société, s'affranchissent des habitudes de déférence à l'égard des anciens, si longtemps conservées dans les ateliers. Un vieux manœuvre est bousculé dans un escalier par un adolescent qui descend en coup de vent et disparaît sans un mot d'excuse : « Ah ! s'exclame le bonhomme, ça n'est plus comme dans le temps ! ça ne respecte plus rien !... Et encore, il vaut mieux ne pas leur faire d'observations !... »

Mon compagnon habituel de travail est un manœuvre âgé de 65 ans. Il habite en ville une petite maison qui date du temps où la plaine appartenait aux maraîchers; le jardin qui en dépend et qu'il cultive à ses heures de loisir lui fournit tous les légumes qu'il consomme au cours de l'année. Installé depuis très longtemps à Billancourt, s'il avait pu, trente ans plus tôt, acheter ce logis, il aurait bénéficié du rapide développement de la commune; il se trouverait aujourd'hui le riche propriétaire d'un terrain et d'une bicoque acquis pour quelques billets de banque et dont la valeur est devenue considérable. Il a su, néanmoins, par son travail et son économie, se faire une petite situation, élever et bien établir ses enfants. « J'ai eu six enfants, me dit-il, et j'ai trois petits-fils. C'est bien assez par le temps qui court ». Le malthusianisme, dans ce milieu d'incroyants, est apparu avec l'aisance : pour conserver l'argent gagné, on empêche les enfants de naître. Il a cependant un fils qui, devenu patron, emploie six ouvriers et dont les affaires prospèrent. Et mon compagnon ne cesse pas de travailler en usine : il fait même une heure supplémentaire, chaque matin, pour le balayage de l'atelier; sa journée de dix heures (neuf heures le lundi, cinq le samedi) lui rapporte 33 francs; il continue sans répit d'arrondir son petit patrimoine. Pauvre, il avait pu élever six enfants. Il a acquis une petite aisance, ses enfants possèdent quelque fortune : ils ne peuvent plus, à eux tous, élever que trois enfants et le vieux bonhomme les approuve. Plus de religion, plus de morale et la race déchoit et meurt. J'ignore ses opinions politiques : elles sont évidemment celles de Monsieur Tout le Monde. Il suit le courant, tout comme ces Français de toute condition, emportés en aveugles par les événements et collaborant sans s'en douter à la déchéance nationale. C'est un Français moyen, modéré et honnête, doué de plus d'une qualité solide, mais qui va du même pas que les autres sans savoir davantage où il va. Le plus grand mal, c'est l'existence de tels honnêtes gens, complices inconscients des pires malfaiteurs et qui restent persuadés que tout s'arrangera toujours pour le mieux : ce qu'ils appellent « avoir foi dans le bon sens français ». Hélas ! il n'est folie stupide ou criminelle que, depuis 140 ans, ce prétendu « bon sens » n'ait commise ou laissé commettre.

Mon vieux compagnon était tourneur : « On ne veut plus de vieux aux machines, soupire-t-il. Les vieux ont tout de même plus d'expérience que les jeunes ! » Mais ils ont moins de vivacité et, dans le travail en série, il s'agit de travailler rapidement pour débiter les pièces en plus grand nombre. Alors, ce vieil ouvrier s'est résigné à manier le balai. Très vantard, toujours en admiration de lui-même, il ne cesse de me dérouler sa propre apologie : personne ne savait jouer du piston comme lui; et il était capable d'en jouer toute une nuit, dans une salle de danse, entre deux journées de travail; il se passait parfaitement de sommeil. Il en est de même de tout ce qu'il a entrepris ou de tout ce qu'il exécute. Comme tourneur, on n'aurait pu trouver son pareil : il n'y avait meilleur tourneur que lui. Maintenant, il balaie : il balaie mieux que n'importe qui. Il relève, aussi lui, de la psychologie vaniteuse. Au demeurant, un excellent homme et un bon travailleur. Il reconnaît que la France est, de tous les pays, le plus en retard pour organiser sa défense par avions : « Les Allemands nous dépassent. Ah ! ils sont plus intelligents que nous... » (Non, mais notre régime républicain et démocratique installe à demeure la trahison, consciente ou inconsciente, dans l'État). « ... En 70, la France a tout payé jusqu'au dernier sou. Et l'Allemagne vaincue ne nous paie pas ! »

Une fois, à la sortie de l'usine, je lui offre un verre chez le bistrot d'en face : il accepte très volontiers et, économe en tout, ne m'a jamais rendu ma politesse. Plus tard, un samedi, à la fin de l'après-midi, le rencontrant sur le boulevard Édouard Vaillant, je l'invite à prendre l'apéritif sur le comptoir et il s'y empresse sans se montrer moins intéressé. Il étale, comme de coutume, son bavardage et sa vantardise. Comme nous croisons deux femmes du peuple, l'une en culotte : « Ah ! s'écrie-t-il, c'est le monde renversé, à n'y plus rien comprendre ! Elles portent les cheveux courts et les jeunes gens les cheveux longs. J'en ai vu, des jeunes gens, à l'usine, qui étaient obligés, pour faire tenir leurs cheveux, de mettre un peigne... comme les femmes ! »

Je suis changé de service : affecté comme manœuvre à un atelier de machines-outils, je m'emploie à leur nettoyage et au transport des pièces aux fours, à la vérification, à l'ajustage; ou encore, je travaille comme aide à la « cisaille ».

Ce terme désigne la machine à couper les feuilles de tôle. Le cisailleur conduit la machine : je vais chercher les feuilles au magasin, je les passe au cisailleur, je reçois les fragments, les compte, les transporte. L'homme qui est chargé de cette machine est d'une étonnante vivacité : il débite des pièces avec une rapidité et une adresse surprenantes; ce qui ne l'a pas empêché d'y laisser l'extrémité de trois doigts.

S'il me reste quelques instants de répit, j'aide les camarades occupés aux machines-outils; je re cueille, compte et lie les pièces tombées de leurs machines. Tous, payés aux pièces, s'attachent à en produire le plus grand nombre possible. « Le prix en est *serré* », me dit l'un d'eux en hochant la tête. « ... On gagne bien juste. Ce n'est plus comme l'année dernière où l'on gagnait tout ce qu'on voulait... » La chute des prix a suivi la crise économique causée par la revalorisation rapide du franc, la surcharge d'impôts Poincaré, la gêne des finances publiques dissimulée derrière un rideau d'apparences brillantes. On est passé d'une industrie artificiellement et illusoirement florissante à une industrie réellement souffrante : résultat inévitable des à-coups incohérents d'un gouvernement discontinu et contradictoire, commandé par les passions de l'opinion, les ambitions des politiciens, les appétits des financiers, et livré, parce que le Maître de la maison est absent, aux compétitions furieuses des clans, des partis, des élus, aux remous de la masse ignorante des électeurs. Les fruits empoisonnés du régime, on ne peut éviter de les cueillir et de les manger.

Parmi les ouvriers que je coudoie à tout moment, deux me semblent âgés de 22 à 25 ans.

L'un est marié. Tous deux sont de très bons camarades et d'excellents travailleurs. Ils ont des têtes d'apaches et sont vêtus comme des voyous. Où l'on constate, une fois de plus, qu'il ne faut pas juger sur les apparences.

Une femme d'une cinquantaine d'années est chargée du dégraissage des pièces. Elle est d'humeur aimable, complaisante à qui la prie de s'occuper promptement des pièces qu'il lui confie, toujours prête à rendre service. Un jour que je lui en apporte tout un lot, elle soupire : « Que c'est dur de gagner son pain ! »

A la rentrée des ateliers, le matin, je vois le plus ordinairement en main *Le Journal*, *Le Petit Parisien*, *Excelsior*. Les illustrations de cette dernière feuille en explique le succès : l'image remplace l'idée, de même qu'au cinéma la sensation brutale, l'image lumineuse, se substitue à l'effort pour analyser la composition, le style, l'idée d'une pièce de théâtre et pour apprécier le jeu des acteurs. Dans les deux cas, l'intelligence cède le pas à la sensation qui envahit l'entendement et le submerge : les images motrices l'emportent sur les idées motrices. Animalisation et démocratisation vont de pair. La culture intellectuelle et morale crée des aristocraties, condition de toute civilisation et de tout progrès : contre ce fait, se rebelle la notion républicaine — absurde, injuste et désastreuse — du nivellement égalitaire.

Le personnel réduit de l'usine ne laisse guère apercevoir qu'à la longue, sous ses apparences correctes, de légers symptômes des influences révolutionnaires. Il faut suivre à la piste l'idée de la Révolution socialiste pour en lever, de loin en loin, quelque trace qui marque sa propagation sournoise et sa virulence. J'ai cité des propos de vestiaire fort significatifs qu'avait provoqués l'émeute du 23 août, alors vieille de six jours. Ajoutons que, parfois, à la rentrée de l'usine, quelques ouvriers se dirigent vers le portail en lisant *L'Humanité*. Un après-midi, un quart d'heure avant la reprise du travail, nous sommes un certain nombre groupés devant la porte et attendant la dernière minute pour en franchir le seuil ; je me suis assis sur le soubassement de pierre d'un débit de vin; à côté de moi, a pris place un ouvrier qui paraît âgé d'environ quarante-cinq ans; en face de nous, sur l'autre trottoir, d'un groupe d'apprentis qui jouent à se bousculer se détache un jeune homme de seize à dix-sept ans qui traverse la chaussée et remet *L'Humanité* du jour à son voisin; celui-ci la lui avait sans doute prêtée avant le déjeuner. Ainsi se poursuit discrètement, mais inlassablement, la propagande pour la Révolution.

Les idées confuses, incohérentes même, quoique nettement orientées en ce sens, se font jour dans les propos de comptoir. Un matin, un peu avant l'ouverture des portes, je prends un « café crème et croissant » chez un bistrot voisin. Deux ouvriers de l'usine — vingt-cinq et quarante ans — prennent un verre de vin : « Je connaissais, dit le plus âgé, deux petits patrons ébénistes, au Faubourg. Ils se prétendaient communistes. Je leur ai dit : Vous ne l'êtes pas et vous ne pouvez pas l'être, puisque vous employez chacun une vingtaine d'ouvriers. Mais, s'écriaient-ils, nous les payons largement ! J'ai répliqué : Même bien payés, ils sont toujours des exploités ! »

Voilà l'essence même de la doctrine socialiste, du pur marxisme, que professent inconsciemment les démocrates dits chrétiens lorsqu'ils tiennent le salariat pour l'équivalent moderne de l'esclavage. On n'apprécie pas moins la naïveté et la stupidité des petits patrons ébénistes qui s'imaginent donner le change aux ouvriers en s'affublant de l'épithète qui séduit ceux-ci : tel est l'état d'esprit de ces démocrates et gens du monde pour qui le fin du fin de la politique consiste à se mettre un faux-nez dans l'espoir de tromper sur les traits de leur véritable visage. Ils croient aussi qu'en hurlant avec les loups ils ne seront pas dévorés par ces bêtes affamées et féroces.

Le jeune ouvrier, changeant la conversation, parle d'un incident que relatent les journaux : « Deux Italiens ont cogné sur un pilote de *L'Oiseau bleu*. Qu'est-ce qu'ils nous veulent, ces c...-là ! Qu'ils retournent chez eux et nous f... la paix ! »

Tel est le nationalisme spontané de l'ouvrier français : il s'allie à la pratique de la plus large hospitalité et de la meilleure camaraderie pour les étrangers. L'ouvrier français est instinctivement nationaliste et non pas impérialiste ni xénophobe.

Mais, incorrigible Gaulois, facile à se laisser prendre à la glu des mots, il s'abandonne aisément aux turlutaines humanitaristes et aux fariboles socialistes. Il a l'œil vif, l'intelligence prompte, la réplique cinglante, le mot facile. Qui lui donnera à moudre la bonne substance des réalités ?

L'aboutissement de la prédication égalitaire et fraterniste de l'Internationale révolutionnaire m'est apparu en chair et en os un soir que, ma journée finie, mon pain gagné, je sortais de l'usine : sur l'autre trottoir, un Russe dans la force de l'âge, coiffé d'une casquette de son pays, crasseuse, habillé de vêtements misérables, serrant sous son bras quelques maigres provisions et du pain, rasait les murs, silencieusement...

§ 3. — *Aspect général de Billancourt.*

Du village de Boulogne, sis à la lisière du bois, jusqu'à la boucle de la Seine, ce n'étaient autrefois que prairies et jardins maraîchers. Depuis quelques décades d'années, surtout depuis un quart de siècle, la plaine verdoyante de Billancourt s'est hérissée de maisons, d'hôtels meublés et d'usines. Le long du Bois de Boulogne s'étale un quartier de riches demeures entourées de jardins : c'est comme l'ébauche d'un autre Neuilly qui aurait dû s'étendre dans toute la plaine embrassée par la grande courbe du fleuve et ceinturée par les coteaux boisés de Saint-Cloud, Sèvres et Meudon ; ainsi se serait formé un ensemble décoratif, harmonieux, sorte de nouveau Faubourg Saint-Germain qu'un État, soucieux du bien public et de la beauté du patrimoine dont ses fonctions lui imposent la sauvegarde et l'embellissement, n'aurait pas manqué de créer pour donner aux perspectives d'Auteuil, du Bois et de Saint-Cloud, toute leur ampleur. Ou encore l'État aurait pu songer à aménager la plaine en une immense cité ouvrière modèle pour faire participer à une vie plus aimable la classe laborieuse et souffrante. Mais nous sommes en République : les parlementaires n'ayant aucun intérêt personnel et leurs partis aucun intérêt électoral à l'une ou l'autre de ces opérations conformes au Bien public, il était inévitable qu'à l'une ou à l'autre nul gouvernement ne songeât. C'est le régime d'à-vau-l'eau et du tout-l'État-à-l'égoût.

La disposition naturelle du site et sa beauté sont telles qu'elles l'ont encore emporté sur l'incurie des gouvernants. De la porte de Paris appelée « Porte de Saint-Cloud », partent trois avenues qui, se disposant en éventail, traversent la vaste plaine pour établir les communications nécessaires entre la capitale et le pont de Saint-Cloud, le pont de Sèvres, le pont des Moulineaux. Les exigences des relations suburbaines ont imposé ce beau et large dispositif qui se prêtait à la conception d'un plan grandiose. Une ruelle nommée *Sente* (1) *de la belle feuille*, une *Rue de la ferme*, une *Rue des longs prés* évoquent le souvenir d'un passé rural récent. Quelques maisonnettes maraîchères, parfois encore plantées au fond d'un potager, en portent également témoignage, comme aussi les terrains vagues, les demeures entourées d'arbres, les maisons à un ou deux étages et, d'une façon générale, l'aspect aimable de la grande ville de Boulogne-Billancourt, que traversent de larges avenues, que sillonnent des rues claires, plaisantes, baignées d'air et de lumière. L'ample contour du fleuve lui dessine une ceinture d'eaux et d'arbres, doublée par un rempart

(1) Sentier.

de vertes collines. Les immeubles à six étages font exception. S'il reste encore, dans le vieux Boulogne, quelques petites rues étroites et grises, ce n'est partout ailleurs qu'espace et lumière. Entre le Boulevard Vaillant et le Boulevard de la Reine, beaucoup de petites maisons avec jardin sont habitées par des familles ouvrières. Dans Billancourt surtout, les hôtels, restaurants et pensions pour travailleurs sont multitude ; parfois, la pension ouvrière occupe un pavillon que des arbres ombragent; des « meublés » sont installés dans des maisons entourées de jardins et inondées de soleil. Le plus souvent, ce sont des immeubles neufs, beaux, confortables, que bien des petits bourgeois de Paris envieraient. Des hôtels meublés, tout récemment construits à l'usage des salariés des usines, leur offrent le « confort moderne » : chauffage central, éclairage électrique, lavabos à eau courante, chaude et froide.

Plaisante et salubre, ville ouvrière de luxe, comptant près de 70.000 habitants, Boulogne-Billancourt est une Ville Rouge, qu'une municipalité communiste gouverne !

Comment expliquer ce contraste ?

Il est superflu d'interroger sur ce point les intéressés : ils n'ont pas l'habitude de s'analyser; ils ne sont, d'ailleurs, enracinés ni dans la localité, ni dans leur métier ; de passants, notre société inorganique fait des citoyens; l'inorganisation professionnelle condamne trop souvent l'ouvrier, surtout dans l'immense agglomération d'une capitale et de sa banlieue, à n'être qu'un nomade ; ces conditions d'existence sont éminemment défavorables à la réflexion sur un problème particulier dont la vie locale et la vie professionnelle constituent les éléments principaux; l'absence de culture et les habitudes de la vie publique s'y opposent encore davantage. Le public est agi plus qu'il n'agit et habitué à obéir aux impulsions du moment et de la sensibilité : c'est le fruit de l'éducation civique que le fonctionnement du régime politique lui impose et des habitudes qu'il crée. Aussi le public ne sait-il guère ce qu'il veut, ni ce qu'on lui offre, ni vers quoi on le conduit, ni à quoi il sert : ce troupeau électoral est trompé, dupé, berné et ne s'en aperçoit même pas. Domestiqué par les institutions qu'il croit le faire libre, il n'est plus qu'une manière de bétail humain.

Un bref commentaire suffit cependant pour

expliquer que des conditions matérielles d'habitat, incomparablement supérieures à celles des faubourgs, n'inclinent point ses heureux bénéficiaires à les apprécier à leur juste valeur.

Le problème ouvrier ne consiste pas exclusivement en un problème de logement. Il comprend aussi la grave question des salaires. — Mais, dira-t-on, les salaires sont actuellement élevés et, de plus, accrus par des sursalaires et divers autres avantages matériels. — Sans doute. Toutefois, le problème ouvrier, au point de vue matériel, consiste essentiellement dans l'organisation de la sécurité de la vie salariée, ce qui suppose l'organisation de la profession; cette organisation sera corporative ou ne sera pas.

Mais la solution matérielle du problème ouvrier ne répond qu'à un aspect de la solution totale. Le problème ouvrier est également d'ordre intellectuel, d'ordre politique, d'ordre moral et religieux. Si nous nous en tenons au point de vue intellectuel, nous dirons que la crise est engendrée par une idéologie fausse : méconnaissance du droit de propriété, ignorance des conditions de vie de l'entreprise, des lois économiques, des fonctions de l'État, des principes fondamentaux de son organisation. Lorsque les ouvriers restent mécontents en dépit des avantages matériels qui leur sont accordés, c'est qu'ils visent à autre chose qu'à ces simples avantages : à la pleine et exclusive propriété des instruments de production — capitaux et usines — et à leur gestion directe. C'est la thèse collectiviste dont on les a imprégnés en troublant leur intelligence et en faussant leur jugement. Ces erreurs intellectuelles ne sont pas seulement le produit de la culture de l'ignorance et de la prédication quotidienne, depuis un demi-siècle, d'idées fausses : elles résultent également des facilités que le régime électif fournit, surtout en République démocratique, aux politiciens de profession pour semer le mécontentement dans l'âme populaire, le cultiver, l'accroître et l'exploiter.

Toutes ces causes se surajoutent les unes aux autres, se renforcent et se multiplient l'une par l'autre. Et le comble du désordre est atteint lorsque les erreurs démocratiques et socialistes sont prêchées sous couleur de religion, sous prétexte d'Évangile et au nom du christianisme, par des croyants. Alors, la catastrophe est proche. Nous l'avons vu à la veille de 1789. Notre époque ressemble étrangement à cette vigile de cataclysme. Je ne puis en éviter l'image lorsque, chaque jour, je traverse cette *Rue du vieux pont de Sèvres* qui doit marquer le chemin douloureux par où la Famille royale rentra dans Paris à la suite des journées des 5 et 6 octobre.

Le chômage et l'affluence des étrangers accentuent le péril. Notre activité industrielle, au cours de cet été de 1927, est très ralentie, surtout dans la métallurgie. On embauche rarement, on débauche couramment. A la plupart des porches d'usine, une pancarte décourage le solliciteur, l'arrête net, en annonçant qu' « on n'embauche pas ». Les journaux nous apprennent qu'à Grenelle Citroën pratique dans son personnel des coupes sombres et qu'au début d'août, pendant dix jours, il fermera complètement tous ses ateliers. Un certain nombre d'étrangers retournent chez eux : ce sont les honnêtes travailleurs qui, dans leur pays d'origine, ont famille, foyer, ressources; les autres, si l'on excepte les malheureux émigrés russes, sont des éléments douteux ou franchement mauvais qui ne peuvent rentrer dans leur patrie et, implantés chez nous, atdent la reprise des affaires, ou le désordre révolutionnaire, ou même le préparent. Pendant la journée, je vois assis sur les bancs, sur les places, ou flânant le long des avenues et des quais, des ouvriers, hommes ou jeunes gens, désœuvrés : état d'oisiveté toujours dangereux, surtout pour les jeunes ; si la profession était corporativement organisée, ceux-ci resteraient, en temps de chômage, occupés du moins pendant quelques heures dans les écoles professionnelles.

Les étrangers appartiennent aux nationalités les plus diverses. Nombreuses sont les enseignes qui désignent des pensions russes. Il existe une « Coopérative de l'association des ouvriers russes », des blanchisseries russes, des coiffeurs russes, des tailleurs russes, plusieurs restaurants magyars, des pensions d'indigènes algériens, deux hôtels chinois. Dans une rue qui file sur le flanc de la chapelle servant de paroisse à Billancourt et qui s'allonge entre quelques petites maisons et des jardins maraîchers formant un grand espace d'air et de lumière, d'un débit qu'abrite une humble baraque s'échappe souvent, aux approches du soir, l'aigre et enivrant accent de la musette arabe, scandé par le brutal tambourin et, dès qu'on approche, par le choc cadencé des paumes : un peu d'Afrique mélancolique et sauvage sous ce ciel pâle de la banlieue de Paris. Devant la principale porte de l'usine Renault, un éventaire aligne des journaux arméniens, roumains, tchèques, hongrois, de Vienne et de Berlin, d'Italie et d'Espagne. Le long d'une des façades de l'usine, toute la rue de Saint-Cloud se transforme, à l'heure de l'entrée ou de la sortie des ateliers, en un petit marché où, mêlés à quelques Français, des Algériens, des Levantins et des Juifs vendent sur leurs petites voitures à bras vêtements, linge, chaussures, menus objets de toilette, de quincaillerie, de papeterie, du cirage, des légumes et des fruits, de la pâtisserie et des glaces. Des camelots débitent leur boniment. Des chanteurs populaires écoutent leurs romances dont ils redisent, de leurs voix usées, les refrains.

A une heure de l'après-midi, aux approches de la rentrée des Ateliers Renault, la place et les rues voisines fourmillent d'ouvriers. Dans cette foule, se glissent de nombreux Chinois : peut-être les futurs tortionnaires au service de la Révolution triomphante. Des « camarades » communistes affichent la première page de *L'Humanité* du jour consacrée à un pressant appel en faveur de Sacco et Vanzetti. Des camelots crient une édition spéciale du *Libertaire* qui étale en manchette : « Sacco va mourir ». Le condamné, qui fait la grève de la faim, est dans un état de faiblesse extrême. Beaucoup d'ouvriers achètent cette feuille. La propagande du désordre s'exerce avec une intensité redoublée.

Pendant vingt minutes, sans arrêt, les ouvriers rentrent dans les ateliers. Il faut, à la sortie, un quart d'heure pour que l'usine se vide : alors, c'est une foule qui se déverse à pleines rues, dans toutes les directions. Par plusieurs portes, sur plusieurs rues, l'usine dégorge ses 30.000 hommes. A la fin de juillet, des camelots leur distribuent des placards communistes : *Contre la guerre*. Sur les troncs des arbres et sur les murs, s'étalent des affiches et des papillons communistes. Certains jours, irrégulièrement, à l'improviste, apparaissent des vendeurs du *Bolchevik de chez Renault*, « journal d'usine » alimenté par les « cellules » de l'établissement. Ou bien des orateurs révolutionnaires, de la fenêtre d'un entresol de café, ou montés sur un banc, ou du haut de l'automobile qui les a amenés, haranguent la foule. Un après-midi, une demi-douzaine d'agents de garde sur la place tentent en vain d'empêcher l'orateur de parler : ils sont, en un clin d'œil, séparés de l'automobile par la foule, repoussés et bloqués en un coin, contre un mur, par la masse dense, impénétrable, des auditeurs. Aussi, le lendemain, la police revient-elle en force : un commissaire et deux brigadiers commandent à deux groupes d'agents disposés aux deux extrémités de la place. L'orateur, en présence de ce déploiement de force publique, se rend, suivi d'un grand nombre d'hommes, sur le boulevard Édouard Vaillant, au coin d'une rue qu'occupe un vaste débit-restaurant ouvert sur les deux voies par trois larges baies : l'orateur s'installe près du comptoir et la foule emplit l'établissement, se presse sur le seuil, s'attroupe sur le trottoir. « Camarades ! leur crie le propagandiste. Manifestez tous en faveur de Sacco et Vanzetti pour les arracher à la mort !... C'est la classe ouvrière qui paie les impôts, car les impôts de consommation sont les plus nombreux et les plus lourds et pèsent sur les familles nombreuses qui sont celles de la classe ouvrière !... » (Double mensonge : les impôts directs sont véritablement spoliateurs et la famille ouvrière est ravagée, stérilisée par la néo-malthusianisme). « ... Défendez-vous contre les patrons en vous groupant tous dans le Syndicat unique du Parti unitaire!... »

Pas un instant, les ouvriers n'échappent aux excitations des meneurs révolutionnaires. En ville, par une exception unique, quelques proclamations contre le communisme et contre l'exploitation, par les révolutionnaires, de l'affaire Sacco-Vanzetti ont été apposées sur les murs, la plupart, prudemment, à bonne hauteur. Le lendemain, elles étaient, même ces dernières, lacérées. Il ne faut pas que la vérité parvienne à ce peuple trompé.

Aux vitrines des papetiers-libraires du quartier, s'étalent les éditions à bon marché des romans populaires de Ponson du Terrail, Gustave Aymard et Michel Zévaco, auxquels se mêlent les romans du jour qui préconisent l'union libre. Dans une société qui pratiquerait cette règle de morale sexuelle, la femme serait par avance vaincue : la femme « émancipée » en Russie par le bolchevisme en sait quelque chose! Cependant, c'est à cet état de honteux esclavage que l'esprit et les lois de la IIIe République, comme les mœurs qu'ils créent, conduisent la femme française.

Cette année-ci, les décolletages féminins sont devenus décents; les corsages sont même munis de manches; mais, pour que la mode ne perde aucun de ses droits au paradoxe sinon à la folie, quelques femmes se couvrent de fourrures au cœur de l'été. Ce ne sont pas celles-là que je rencontre, entre six et sept heures du soir, au bureau de poste : hommes et femmes s'y pressent, à la sortie des usines, pour envoyer de l'argent à leur famille, en province ou à l'étranger — vivant et touchant témoignage de leur esprit d'économie. Un soir, une femme reste pendant dix minutes au guichet ; l'employée, pour trancher son cas, compulse divers règlements; les gens qui font queue s'impatientent, échangeant aux dépens de l'employée des réflexions aigres-douces : « Elle est vive comme un chien de plomb ! » grogne une volumineuse commère ; et un ouvrier raille : « C'est pas possible ! Elle a mangé des nouilles ! » Puis : « Elle ne sait pas lire ! Qu'elle aille donc à l'école! »

A la sortie de l'usine, soit à Issy, soit à Billancourt, c'est un petit nombre d'ouvriers qui entre au cabaret prendre une consommation sur le comptoir. Presque tous ont hâte de revenir chez eux. Très rares sont les ivrognes. Par exception, j'en rencontre un, à sept heures du soir, Boulevard Édouard Vaillant : un homme d'une quarantaine d'années, ramené par ses amis qui le tiennent sous le bras; un mardi soir, même boulevard, vers huit heures, un autre, du même âge, qui, titubant fortement, entre quand même chez un bistrot; et deux autres encore; bref, en six semaines, quatre hommes d'une quarantaine d'années, qui excitaient d'autant plus la curiosité amusée et méprisante du public que ce scandale était rare.

Après dîner, comme le jour s'achève, je fais un tour de promenade jusqu'au pont de Sèvres où s'ouvre le parc de Saint-Cloud et s'amorce la route royale de Versailles. Sur les berges du fleuve ou le parapet du pont, des pêcheurs à la ligne s'immobilisent dans l'attente du don que leur feront les eaux; des badauds les regardent curieusement, sans se lasser; parfois, à quelque distance, un baigneur fend d'un bras vigoureux le courant, ou bien, de la pointe de l'île se détache, fine, prompte et silencieuse, une périssoire. Sur les talus des rives, assis ou couchés dans l'herbe poussiéreuse, des hommes, leur journée de labeur finie, se reposent en songeant ou sommeillent. Quelques passants se hâtent. Nul ne regarde au ciel les jeux de lumière du jour qui s'achève : le soleil descendu derrière les bois, la crête du coteau de Saint-Cloud se dessine sur un grand reflet rose traversé de lueurs d'or liquide et, un autre soir, sur un ciel d'un bleu de pastel, hersé d'une multitude de petits nuages lumineux. Le jour s'éteint : l'eau de la Seine est devenue comme un miroir d'ombre où s'avance, dans un sillage de lueurs roses, mourantes, un bateau-mouche, léger, silencieux ; la forêt allonge son écran sombre sous l'espace infini où les reflets de soufre, d'or liquide et de soie mauve semblent se perdre dans un océan de vapeurs gris perle. Un mois plus tard, c'est un soir d'automne, tout enveloppé des voiles d'un hâtif crépuscule, des voiles gris bleutés, légers comme une gaze de soie, qui tombent du ciel et flottent sur le fleuve assoupi, sur les bois épais des coteaux, dans un grand silence. L'île voisine, sous sa lourde fourrure de grands arbres, surgit, en amont, des buées du soir comme, d'une toile de Corot, le fantôme des bois. En aval, au pied des pentes dénudées où s'élevait un palais témoin de plus d'un événement de notre histoire, les lumières des « *dancing* » de Saint-Cloud mettent l'éclat brutal d'une tache de feu : lieux de grossiers plaisirs, œuvre de la démocratie après le grand œuvre de nos rois.

§ 4. — *Logements et restaurants.* *Dépenses diverses et budgets.*

On trouve aisément une chambre à louer. Un grand nombre d'hôtels confortables ont été construits ou aménagés depuis la guerre et le chômage les a décongestionnés. Il n'est guère de « meublé » qui n'ait une ou deux chambres libres. Les prix courants varient entre 30 et 45 fr. par semaine. Il est très rare qu'on puisse trouver un cabinet à 24 francs. Le prix ordinaire d'une chambre, à Paris, il y a trois ans, variait entre 24 et 30 francs : l'augmentation du coût du logement est certaine. Une chambre et une cuisine meublées, à Billancourt, se louent 60 francs par semaine, ce qui fait 3.120 francs par an.

Je loue dans un hôtel-meublé-débit-restaurant, qui compte deux douzaines de locataires, une chambre sur cour, munie de l'éclairage électrique et du chauffage central, pour 35 francs par semaine. C'est une pièce qui mesure environ deux mètres cinquante sur trois, qui est propre, claire, ensoleillée, agrémentée d'un balcon, convenablement garnie d'un lit de fer et de meubles en pitchpin : armoire à glace, petite table, chaise, petite table-toilette avec cuvette en fer émaillé, broc et seau, mais une seule serviette; dans un angle, est fixée une planche munie de quatre crochets pour pendre les vêtements.

Mais je suis dévoré par les puces, des légions de puces, et quelques punaises. Je ne puis entrer dans ma chambre sans éprouver, au bout de quelques minutes, sur les jambes, l'irritant chatouillement de puces qui envahissent leur hôte. La nuit, leur armée inlassable se répand sur tout mon corps; l'électricité étant coupée à dix heures trente, il me faut endurer, en grande patience, toute la nuit, leur fourmillement qui, à maintes reprises, me tient éveillé. Parfois, avant l'extinction de la lumière, j'en surprends un bon nombre et aussi quelques grosses punaises. Matin et soir, en me levant et en me couchant, je leur fais longuement la chasse; j'en tue, chaque jour, en deux séances, environ une soixantaine sans jamais parvenir à en réduire les innombrables légions. J'en récolte, d'ailleurs, tellement à l'église, dans les cinémas et tous lieux publics. qu'il semble que, cette année du moins, tout Billancourt soit atteint de cette plaie. Saint-Benoît Labre, priez pour nous !

C'est un vendredi, après-midi, que j'ai loué à la semaine cette chambre, payé le prix d'avance, suivant l'usage, et me suis installé. Le jeudi suivant, le logeur m'interpelle : « Vous n'avez pas encore payé votre chambre ! Vous êtes en retard ! — Pardon ! Je suis entré vendredi soir... — Eh bien ! » interrompt-il, comptant sur ses doigts « ... Nous disons donc aujourd'hui sept jours. Vous le voyez : c'est aujourd'hui qu'il faut payer ! » L'astuce était grossière. Je n'ai pas voulu poursuivre la discussion : j'ai payé. Le jeudi suivant, il me rappelle que c'est le jour du terme pour ma chambre : je paie. Le troisième jeudi, il m'interpelle et, d'un air de reproche : « Vous êtes en retard pour votre chambre !... et de plusieurs jours !... — Comment cela ? — Mais oui, c'est mardi que vous. . — Pas du tout ! C'est le jeudi que je vous paie ! — Ah ! .... vrai ?... Quand donc êtes-vous entré ? — Un vendredi après-midi et je vous paie ma chambre le jeudi, un jour d'avance ! — Ah ! pardon !... C'est ma femme qui me disait... Ah ! bien !... alors... — Eh ! oui, je vous paierai maintenant, comme de coutume, aujourd'hui jeudi. » L'honnête logeur spécule sur un oubli ou une distraction de ses locataires.

Le dimanche, jusqu'à huit heures du matin, règne dans la maison un parfait silence. Tout le monde dort. Chacun prend plaisir à s'attarder au lit, par revanche de s'être levé bon matin, tous les autres jours. Un peu plus tard, ils commencent leur toilette et la font longuement, flânent, bavardent et voisinent. Les femmes s'activent aux soins du petit ménage. Ils ont tous le goût de la propreté, qu'ils ne peuvent satisfaire les autres jours, pressés par leur travail. Le dimanche, ils nettoient leur chambre, rangent le linge, les menus objets : ils aiment le « chez soi » qu'ils n'ont pas et qu'ils s'efforcent d'aménager dans leur pauvre abri de passage. Un locataire, tout à la joie du repos dominical, chante toute la matinée et d'une voix d'ailleurs fausse, toutes les chansons de son répertoire. Un autre dimanche, il consacre à ce délassement musical toute la soirée et son fils, un garçon d'une douzaine d'années, qu'enchantent les romances sentimentales, lui dit, chaque fois qu'il en a terminé quelqu'une : « Une autre ! » dont il souligne les finales, à l'unisson.

Je suis un des rares célibataires de cet hôtel. Un très grand nombre de familles ouvrières logent dans les différents « meublés » de Billancourt. La plupart de celles qui m'entourent n'ont pas d'enfant : un ménage a un enfant; un autre, deux; un autre, trois. Deux de ces dernières familles ont loué une chambre et une cuisine, d'autres font leur cuisine dans leur chambre. La plupart fréquentent le restaurant. Chacun vit aussi renfermé chez soi qu'il le peut, réduisant, évitant même les relations de voisinage, tellement est vif l'instinct du foyer, de l'intimité et de la personnalité familiales. Tout au haut du bâtiment qui sépare la cour de la rue, habite un ménage russe qui devait être de bonne condition à en juger par l'aspect physique, les manières, l'étroite retraite où il s'enferma : la femme a l'air d'une « dame »; je l'aperçois, un dimanche soir, lisant un livre à sa fenêtre. Je remarque aussi un ménage italien.

Tous les autres locataires sont des Français. Au rez-de-chaussée, loge un jeune ménage : quand je rentre, le soir, je vois l'homme et la femme penchés sur le même cadre de tapisserie à tulle, faisant l'un et l'autre leur point. Dans une chambre et un cabinet, à l'étage, s'entassent la grand'mère, le père, la mère et trois fillettes de deux à cinq ans, aux beaux yeux noirs, souriants et doux : elles restent, tout le jour, bien sages, sur le palier; un soir, je les vois qui s'amusent à essayer de brosser le bas du pantalon du père, assis sur une chaise, fumant sa pipe et lisant *L'Humanité;* un autre soir, c'est la femme qui lit cette feuille, s'intoxiquant à son tour.

Un autre ménage avec une fillette de treize à

quatorze ans occupe une chambre. L'homme, âgé d'une quarantaine d'années, sans emploi, boit, pérore dans les cabarets et court les jupons. La femme travaille jour et nuit, car elle a une place et, d'accord avec son mari, qui sait discrètement s'éclipser, reçoit des amants de passage; le sommeil de l'enfant, qui n'a pas d'autre gîte que celui de la mère, est supposé suffire à préserver sa vertu. Un dimanche soir, un plomb ayant fondu, l'électricité manque dans une partie de la maison. Il est dix heures. Un locataire rentre en criant : « *Ben* quoi ! des puces, des punaises et pas de lumière ! » Une chambre s'éclaire : « En voilà un », crie une voix dans la cour « à qui les puces mordaient trop l'cul ! » De minuit à deux heures du matin, une violente dispute éclate dans la cour et se poursuit dans la salle du débit. Des voix furieuses, d'hommes et de femmes, s'entrechoquent dans un concert d'imprécations dont l'écho retentit par tout l'hôtel; il s'y mêle de de temps à autre la voix pointue d'une petite fille. On l'entend : « Si ! Si ! Il est rentré et m'a offert des cigarettes !... » De mâles accents, chargés de colère, se mêlent dans une bruyante confusion et, par moments, un hurlement d'homme domine tout ce vacarme : « C'est pas vrai ! C'est pas vrai ! C'est un mensonge !... Non ! Non ! — Si ! crie la petite sur le diapason le plus aigu. Il est entré dans la chambre et il m'a offert des cigarettes !... » Après deux heures de dispute, le tumulte tombe brusquement sur ce cri désespoir : « On m'a accusé ! Je ne savais pas ce que je faisais ! J'étais saoûl ! On a attenté à l'honneur d'un homme qui était ivre ! » Le lendemain, le patron me dit : « Ah ! un vieux locataire... depuis un an !... Il est parti aujourd'hui... honteux... Il s'était rendu dans la chambre de cette femme... Quelle femme !... Une p.... ! Mariée, elle reçoit des hommes et l'enfant est dans un lit à côté d'elle, censément en train de dormir... Mais elle ne doit pas toujours dormir, cette enfant !... Elle a dit des paroles, l'autre jour, qui le font bien croire... »

Mes voisins immédiats sont des jeunes mariés. Une cloison, mince et indiscrète comme si elle était faite d'une feuille de carton, m'en sépare. Après quelques mois de mariage, leur vie commune est devenue une succession de disputes et de scènes violentes. Elle a vingt ans : elle travaille en usine. Il a vingt-trois ou vingt-quatre ans : il chôme. Lorsqu'elle rentre, le soir, il lui reproche telle parole ou telle familiarité avec un camarade. Cette jalousie indigne la jeune femme et l'exaspère : elle nie, s'emporte, s'abandonne à un flux de paroles, s'exalte et l'invective, l'injurie. L'homme l'écoute en silence, se contient pendant cinq, dix minutes, puis, poussé à bout, fou de colère, bondit sur elle et la bat. J'entends le bruit sourd des coups, le bruit sonore des claques. Le silence se fait aussitôt, quelques instants, puis elle pleure, sanglote, gémit, se tait. Un silence absolu règne... Quelque temps se passe et c'est la réconciliation sur l'oreiller, malgré les protestations ou résistances de la femme, humiliée, vaincue, domptée.

Un soir, la scène est encore plus violente que de coutume. Excédée de la vie qu'elle mène et plus que jamais rouée de coups, la jeune femme menace de retourner chez ses parents. « Tu ne partiras pas ! » réplique durement l'homme. Et il la frappe encore. Elle lui crie : « T'as pas honte de te faire nourrir par moi, de vivre de mon travail, sale feignant ! » Et elle s'enfuit dans la cour, d'où elle lui lance sans répit les épithètes de : « Feignant ! cochon !... » Les patrons se hâtent d'accourir, l'air consterné et doucereux : « Allons ! Allons !... » fait le logeur, étalant son énorme ventre, ses doubles mentons, sa face bestiale et paternelle. « ... Qu'est-ce qui se passe?... Une maison où habitent des familles!.. des enfants !... et où l'on n'entend jamais de bruit!... Faut pas crier comme ça... » D'en haut, le mari gronde : « Oh! elle reviendra bien! — — Non ! réplique avec énergie la jeune femme. Je m'en irai chez mes parents !... — Ferme ton clakson ! » risposte, brutalement, l'homme. Le patron reprend, de sa plus douce voix : « Allons! Allons! remontez vous coucher ! » Et la logeuse : « Bah ! on a des disputes dans les ménages... c'est toujours comme ça... Et puis, le lendemain, on n'y pense plus... Mais, surtout, pas de bruit !... Le monde se met aux fenêtres... Ça fait du vilain... Faut pas !... C'est mauvais pour la maison... »

La pauvre jeune femme finit par remonter dans sa geôle. Le silence s'y appesantit... Le lendemain matin, de l'autre côté de la mince cloison, c'est un lever muet, ponctué de quelques injures jetées dents serrées, et le couple sort. A midi, ils rentrent. La femme invective son mari, réclame son argent, prend son linge et s'en va se réfugier chez ses parents. La bonne de l'hôtel me dit : « Elle a bien fait !... Ah ! il n'en manque pas à qui ça arrive... »

Deux jours plus tard, un dimanche matin, la jeune femme rejoint son mari et pose longuement ses conditions à la reprise de la vie commune. Lorsque je rentre, le soir, je me rends compte que la réconciliation est faite : pendant plusieurs heures, me parvient le murmure de leurs voix; c'est une conversation sans fin, tout bas... Ils se sont retrouvés ! Puisse ce regain d'affection durer toujours !... Chaque soir, maintenant, ils dînent dans leur chambre : j'entends le bruit des assiettes et des fourchettes. Et je les entends, eux, poursuivre à mi-voix de longues conversations et rire doucement. C'est leur deuxième lune de miel. Sera-t-elle durable ?...

Hélas ! deux semaines ne se sont pas écoulées depuis leur réconciliation : un vendredi soir, une dispute éclate entre eux, une vive dispute avec échange de gros mots. Le matin suivant, leur réveil est fort maussade : ils se lancent des paroles blessantes et même des injures. La paix est rompue; l'illusion du bonheur, une fois de plus dissipée... Que s'est-il passé, le samedi soir? Y a-t-il eu querelle violente, brutalité, fugue? Je l'ignore : j'assistais à un meeting communiste, rue de la Grange-aux-Belles. Mais, le dimanche matin, dès huit heures, un silence profond régnant dans la chambre de mes voisins, j'entends, tout d'un coup, le jeune homme sortir, vider les eaux de toilette dans la cour, y remplir son broc et s'en aller dans la rue. Manifestement, sa femme n'est plus là.

Absent pendant toute la journée et toute la soirée du dimanche, je n'ai pu poursuivre cette observation. Le lundi matin, un lourd silence pèse sur la chambre voisine et, le soir, à six heures, lorsque je rentre de l'usine, j'aperçois le jeune homme, seul, occupé à lire le journal. Quelques instants après, je l'entends faire son lit, balayer, aller chercher de l'eau dans la cour, au robinet... Sa femme n'est plus là... Le soir, à dix heures, j'entends quelques mots échangés à voix basse : elle est donc rentrée... Le mardi matin, à six heures vingt, leur réveil sonne... je les entends parler... Elle n'aurait donc pas abandonné le domicile conjugal? L'avait-elle quitté, pendant quarante-huit heures, dans un mouvement de mauvaise humeur ? S'est-elle bornée à faire une absence régulière pour aller voir ses parents ? Je ne le saurai jamais.

La vie commune se poursuit, normale, pendant trois jours. Mais, le vendredi soir, à six heures, mes voisins rentrent et aussitôt une querelle éclate : « ... Quoi ! crie la femme. Tu vas recommencer !... Charogne !... J'en ai *mare* (1) ! ... Ce que j'ai fait cet après-midi ?... Eh bien ! j'ai travaillé !... Et toi qui ne fais rien, je ne te demande pas où tu as été !... Tu n'as qu'à travailler !... Feignant !... » Elle descend dans la cour et, encore toute en colère, invective la patronne parce que ses draps n'ont pas été changés et qu'elle est dévorée par les punaises. L'autre se fâche ! « Décidément, vous avez un mauvais caractère ! Vous n'avez pas assez de chinoiseries avec votre mari ? Faut que vous me cherchiez dispute ! Vous êtes un choléra !... » La jeune femme, sans répliquer, remonte chez elle. De l'autre côté de la cloison, pas un mot n'est échangé.

Le lendemain matin, à six heures, comme je

(1) J'en ai assez ! j'en ai par-dessus la tête !

m'éveille, j'entends le jeune homme s'écrier : « Eh bien ! quoi ! tu pars ?... tu pars ?... tu pars ?... » Elle ne souffle mot, sort, disparaît. Le soir, à cinq heures, l'homme rentre ; à six heures, la femme : silence orageux, interrompu, une fois, par une interpellation aigre de la femme. L'homme se tait. Le silence pèse sur eux... A sept heures, la femme sort, sans un mot. Deux minutes plus tard, l'homme s'en va à son tour. Une demi-heure s'écoule : ils rentrent, dînent au milieu de brusques, violentes et brèves disputes. L'homme, excédé, s'en va... Je me rends au cinéma. Quand je rentre, à minuit, leur chambre est encore éclairée : ils ne sont pas couchés ; ils se disputent. Plus exactement, la femme cherche dispute à son mari qui réplique peu et seulement à mi-voix ; elle, elle élève de plus en plus le ton et l'invective, l'injurie : « ... Pourquoi as-tu quitté ton *boulot* (1) ?... Parce que ça ne marchait pas avec moi ?... En voilà une raison ! S'il fallait quitter son travail chaque fois qu'un ménage se dispute !... Mais j'en ai assez de te nourrir ! Tu n'auras plus un

(1) Travail.

sou de moi !... Et puis, tu peux partir, va ! Tu peux t'en aller ! Je ne te retiens pas ! Ce n'est pas une vie que la nôtre !... Ah ! je t'aime plus que tu ne m'aimes, va !... » Et elle lui crie des mots orduriers qui lui font dire : « Tu parles comme une femme de b... ! » Elle s'exclame : « Parce que je suis franche, moi ! Je dis leurs vérités aux gens, en face !... Et puis, quoi ! En voilà, une histoire ! Comme si c'était extraordinaire qu'une femme dise M... ! à mon mari !... » Elle souffle une seconde et reprend : « Alors, tu ne veux pas te coucher ? Qu'est-ce que ça signifie de rester là, tout habillé, à cette heure ! La lumière va bientôt être coupée... » (1).

A minuit et demi, je finis par m'endormir en dépit du bruit que fait cette femme hargneuse. Mais, deux heures plus tard, le son de sa voix m'éveille : « Alors, tu ne veux pas te coucher ?... » Et la scène continue. Mais la fatigue me replonge dans le sommeil.

Le dimanche matin, le silence s'est fait de l'autre côté de la cloison. Aux approches de huit heures, j'entends le bruit discret de vais-

(1) Le samedi, le courant électrique n'était interrompu que fort tard dans la nuit, après l'heure de rentrée du théâtre.

selle qu'on lave; puis, plus rien. Je vais à la messe. A mon retour, à dix heures, pas un bruit ne m'arrive de la chambre voisine. L'homme est-il parti au milieu de la nuit ? La femme est-elle partie à son tour ? Le nid est-il vide ?... Ou bien dorment-ils enfin, faisant après cette nuit blanche la grasse matinée ? La vérité de cette dernière hypothèse ne tarde pas à se vérifier : vers dix heures et demie, j'entends la femme prononcer quelques mots à mi-voix. Au bout de dix minutes, le ton s'élève, les reproches recommencent et les invectives se succèdent. Elle lui en veut encore de n'avoir pas de travail : « Je serais trop c... de nourrir mon homme !... Dire que je n'ai pas encore pu m'acheter une robe!.. Et tout ça, c'est les femmes honnêtes comme moi qui ont à en souffrir ! Une p... serait heureuse !... Moi, je n'ai rien à me reprocher !... » Puis, toute cette fureur s'apaise, car, à six heures du soir, ils sont encore enfermés dans leur chambre où ils ont passé l'après-midi dans l'intimité d'une nouvelle réconciliation : ils chuchotent sur un ton très doux... A neuf heures, le murmure apaisé de leurs voix se laisse percevoir encore...

... Jusqu'au prochain orage... Un homme paresseux et jaloux, une femme violente, grossière et sans doute d'allures imprudentes, l'un et l'autre ont des défauts : qui n'a pas de défauts ? Mais que peut-il advenir d'un foyer dont la pierre d'angle n'est pas l'idée du devoir, la loi de Dieu ?

Le surlendemain, dernier jour du mois, la chambre est occupée par une femme seule, parente ou amie d'un ménage de locataires. Mes voisins sont partis pour un autre hôtel meublé. Sans doute avaient-ils donné ou reçu congé à la suite de l'altercation de la jeune femme avec la logeuse.

Qu'est-ce qui fonde le foyer ? L'amour ? Soit! Lui seul? Non! Caprice de passion, feu de paille. Si le sentiment du devoir, de tout le devoir, du devoir réciproque des époux et de leur devoir envers la famille qu'ils fondent, les enfants qu'ils ont mission d'appeler à la vie et d'élever, leur devoir envers la société, envers Dieu, n'est pas là, dans leur pensée, leur cœur, leur volonté, toujours présent, l'union risque à tout moment de se rompre et, de la société humaine élémentaire et essentielle, il ne reste plus qu'une rencontre animale, fortuite et douloureuse, sans lendemain. *Nisi Dominus œdificaverit domum, in vanum laboraverunt qui œdificant eam...* (1). Ménage comment formé ? Au hasard de quelle rencontre ? Et comment conclu ? Sous le signe de la Croix ou sous le buste de la République ? Voué à la fécondité ou volontairement stérile ? Quelle leçon de morale le « meublé » porte-t-il entre ses murs ? Comment ces hôtes de hasard dans un gîte de passage pourraient-ils vivre le souvenir de leurs pères et l'espérance de la postérité ? Quelles idées de plaisir vénal n'éveille pas cette chambre empruntée ? Leur union n'est-elle pas au mois, à la semaine, à la nuit, comme ce local qu'ils louent ? D'où sont-ils, d'où viennent-ils, où vont-ils ? Le milieu qui les porte ne leur souffle même pas l'idée du viager : comment songeraient-ils à la suite des générations ? Déracinés, jetés de ce logis en un autre comme d'une localité à une autre, d'une usine à l'autre, sans lien avec rien ni personne, pourquoi eux-mêmes resteraient-ils liés l'un à l'autre et compliqueraient-ils de rapports

(1) Si Dieu ne construit la maison, c'est en vain que travaillent ceux qui la construisent.

de paternité ces rapports conjugaux déjà lourds à porter ? Comment prendraient-ils conscience des perspectives éternelles ouvertes aux croyants par l'Église de la terre, reflet de l'Église du ciel ? des intérêts permanents de la société nationale dont ils font partie, des exigences actuelles ou séculaires de l'État ? et même, simplement, de la société conjugale qu'ils ont créée, de la société familiale qu'ils ont pour mission de perpétuer ? Ni religion, ni morale, ni foyer, ni métier, ni pays, ils sont de partout et de nulle part, indifférents à tout ce qui n'est pas la jouissance présente. Il faudrait leur refaire une âme d'homme et de chrétien, d'époux, de père et de citoyen, leur rendre la maison, le métier, la cité, la province, la patrie et son Chef, la Religion et Dieu, les réintégrer dans tous ces *Corps* ordonnés suivant l'axe de la destinée temporelle et des destins éternels. Mais la IIIe République, fille de Rousseau, fille de Satan, s'applique à rompre les liens sociaux humains et divins et à mettre les hommes sous le joug des principes d'un individualisme destructeur.

... Ma nouvelle voisine est une femme seule, qui me paraît âgée de vingt-cinq à trente ans

Elle travaille en usine et vit de son salaire. Vers une heure de l'après-midi, elle rentre chez elle, reste dix minutes environ, revient le soir vers huit heures trente; son réveil, le matin, sonne à six heures et demie. Mais (je ne crois pas me tromper) chaque soir, vers neuf heures trente — quelqu'un s'est-il introduit sans bruit chez elle ? ou bien est-ce un long monologue dans la solitude ? — le faible murmure d'une conversation chuchotée très bas se poursuit fort tard et, le matin, avant que le réveil sonne, avant même six heures, lorsque je m'apprête à me lever, le même chuchotement très discret reprend et se poursuit de l'autre côté de la cloison...

Les restaurants russes et magyars sont généralement pourvus, bien que misérablement installés (baraque en planches ou pauvre bâtisse) d'un piano dont on entend, le soir, un pensionnaire faire résonner les cordes : indice de l'éducation et de la culture de ces ouvriers improvisés, déchus d'une situation confortable ou brillante par le jeu de la Révolution. Combien parmi nous ce sort ne guette-t-il pas, s'ils ont la bonne fortune d'échapper aux pires violences d'un orage qui menace de se déchaîner sur nous et dont ils refusent à percevoir les symptômes précurseurs ?

Les restaurants ouvriers français sont installés fort simplement mais proprement et aucun ne possède de piano.

Au restaurant que je fréquente, à Issy, mes deux voisins de table — vingt-cinq à vingt-huit ans — lisent *Le Petit Parisien*, *Le Journal* et *Le Canard enchaîné*. Parlant, un jour, entre eux, du conflit d'intérêts soulevé entre les aviateurs Drouin et Lévine, ce dernier Juif, ils s'écrient : « Est-il assez Juif, celui-là ? Tu parles d'un pirate ! »

Quelques jours plus tard, un ouvrier de l'usine, du même âge, vient s'asseoir en face de moi, à une place demeurée libre. Apercevant un journal plié, qui sortait à moitié de ma poche : « C'est le *Parisien* que vous avez là ? — Non, *L'Huma*. — Ah ! s'exclame-t-il avec une vivacité joyeuse, passez-le moi ! » Et il se met à le lire avec avidité. Un vieil ouvrier, tout à côté de moi, intervient : « Il y a eu, ce matin, une édition de onze heures. Il paraît qu'*ils* [1] n'ont pas été exécutés... Ah ! tout de même ! sept ans en boîte et attendre chaque jour la mort. ! Ça ne se fait pas, ces choses-là !... » Non loin de nous, un groupe ne parle que de Sacco et Vanzetti et se répand en invectives contre les Américains. Entre un vendeur de la 2e édition de *L'Humanité* : « Ils sont encore vivants! » proclame en lettres, énormes, le journal. De nombreux consommateurs se hâtent de l'acheter. Le lecteur du *Journal* murmure : « C'est louche, c't'affaire-là ! » En face de moi, l'homme qui m'a emprunté le journal me demande si j'ai lu, la veille, « dans l'*Huma*, la dernière lettre de Sacco à sa mère ?... Une belle lettre !.... Sacco n'est pas le premier venu !... » Il m'assure qu'il n'existe aucune preuve de sa culpabilité : « Même qu'un criminel, au moment d'être exécuté, a avoué que le crime dont la justice a déclaré Sacco et Vanzetti coupables a été commis par lui et sa bande... Sacco et Vanzetti n'ont été condamnés que parce qu'ils étaient connus pour leurs opinions révolutionnaires ». Telle est, en effet, la

(1) Sacco et Vanzetti.

thèse de *L'Humanité* : elle s'efforce de persuader ses lecteurs de l'existence d'une « justice de classe » ; le procès et la condamnation des deux révolutionnaires italiens ne sont qu' « un simple épisode de la lutte de classe », qui permettra aux communistes parvenus au pouvoir de s'en réclamer pour instituer une « justice de classe », justice de représailles chargée de venger la classe ouvrière en mettant à mort les bourgeois pour leur crime d'être bourgeois.

Lorsque le vendeur de la 2e édition de *L'Humanité* est entré, un frémissement a passé par tout le restaurant et toutes les conversations ont pris pour thème les deux condamnés. A leur rentrée à l'usine, beaucoup d'ouvriers tiennent à la main ce journal. C'est à force de parler de Sacco et Vanzetti et de mener en leur faveur une violente campagne, qu'ont appuyée les feuilles dites modérées, neutres ou incolores (*Journal, Matin, Petit Parisien*), que les communistes ont réussi à intéresser, puis émouvoir les multitudes ouvrières et à créer un mouvement artificiel, favorable à la diffusion de leurs idées. Mais les mêmes feuilles incolores ou neutres, à grand tirage, se sont bien gardées d'aider à la campagne pour Philippe Daudet, qui mettait en cause tout le régime, la nouvelle République de Venise où les assassinats politiques sont devenus trop fréquents pour ne pas apparaître comme une méthode de gouvernement.

L'ouvrier qui prend son repas en face de moi se refuse à faire des heures supplémentaires : « Il y assez d'ouvriers sur le pavé ! Qu'ils en embauchent ! » Je lui dis que, « dans les grandes usines, on débauche les étrangers, car la crise de chômage s'accentue. — On fait bien ! » réplique avec vivacité ce lecteur de *L'Humanité*, communiste et internationaliste, « et voilà six mois qu'on aurait dû commencer à les renvoyer chez eux ! » Il m'avoue qu'il a été surpris de trouver *L'Humanité* dans ma poche : « Vous n'avez pas une tête à ça ! » Quelle sorte de tête « ça » suppose-t-il donc ? Je lui réponds qu'en effet, si je lis ce journal, je n'en partage pas du tout les idées.

Dans un coin de la salle, quatre ouvriers parlent du décès d'un camarade : « Ils porteront le corps à l'église. — Alors, on y entrera ? — Ah ! m... alors ! non !... Devant l'église, halte ! »

Presque à chaque repas, les consommateurs

sont sollicités par un chanteur infirme, une mendiante ou un mendiant, un aveugle, un marchand de lacets, que sais-je encore ! et la plupart, charitablement, donnent aux quémandeurs une piécette.

Dans les restaurants ouvriers de Billancourt, de semblables solliciteurs abondent : un jour, c'est un infirme âgé qui vient racler du violon; presque tous les dîneurs lui donnent chacun deux sous. L'ouvrier est généreux et compatissant : il n'est pas riche; il vient encore à l'aide de plus pauvre que lui. A peine le vieil infirme est-il parti qu'un homme jeune et infirme lui succède. Il montre sa main mutilée : « J'ai été pris sous une fraiseuse chez Renault. Je ne puis plus travailler. Et il me sert 522 francs de pension ! » Aussitôt, il déclame un monologue de haine : « ... Chacun vient au monde parce que c'est une loi... et sans savoir pourquoi... Tout le monde est malheureux... Nous sommes tous méchants sans savoir pourquoi... » Nul ne peut contrôler le chiffre de la pension qu'il touche et son infirmité n'a sans doute pas l'origine qu'il lui attribue; où qu'il aille, il doit situer l'accident chez le principal industriel de la localité;

mais qu'il soit un agent révolutionnaire, cela n'est pas douteux. Un autre jour, pendant le repas, entre un vieux bonhomme, au visage ravagé de rides, un ancien ouvrier, semble-t-il, devenu incapable de travailler; il chante, d'une voix éraillée et chevrotante, des romances populaires vieilles de vingt à cinquante ans, dont les consommateurs, par ironie joyeuse, ponctuent en chœur les finales; comme il se dirige vers la porte, la quête faite, un des clients lui demande de dire une certaine chanson nouvelle, à la mode, fort grivoise : « Non ! réplique le vieux, il y a des *petites oreilles*... » Et il désigne, d'un regard, les fillettes du patron — douze et treize ans. L'autre insiste : « Elles sont sourdes ! — Non ! répète le vieux avec fermeté. Il y a des petites oreilles... » Et il s'en va. La veille au soir, les « petites oreilles » étaient assises entre trois clients, des ouvriers d'une trentaine d'années, qui se permettaient des familiarités éducatives et des privautés dont les « petites oreilles », pas du tout innocentes, ne s'offusquaient pas.

Les femmes montrent le même état d'esprit néo-malthusien que les hommes et invoquent le même prétexte de la guerre dont elles ne comprennent pas que leur stérilité volontaire précipite le retour. Trois ouvrières déjeunent à une table proche de la mienne; l'une demande à sa voisine : « Avez-vous eu des enfants ? — Oui et deux ont été tués à la guerre. — Ah ! vaut mieux pas en faire !... Elles ont bien raison, les jeunes dames d'aujourd'hui, de ne pas vouloir en faire !... »

Une autre fois, j'entends exprimer les sentiments habituels d'hostilité contre les gardiens de l'ordre social actuel. Tout en mangeant, quatre ouvriers parlent des obsèques d'un agent de police : « Je n'ai pu y assister, dit ironiquement l'un d'eux. C'est dommage. Rien ne me fait plaisir comme d'aller à leur enterrement. Ça fait une vache de moins ! — Ou dix de plus ! réplique vivement un de ses camarades. Car il en vient d'ailleurs et en plus grand nombre ! »

La collation du matin, je la prends sur « le zinc », dans un des nombreux cafés-comptoirs qui se trouvent un peu partout. Suivant l'installation, modeste et vétuste ou moderne et soignée, de l'établissement, le « café crème » avec croissant coûte 80 centimes, 90 centimes ou un franc. Le verre et le croissant, presque d'année en année, sont de plus en plus petits. La plupart des ouvriers prennent « un crème » ou bien un « café nature » avec ou sans eau-de-vie ; quelquefois aussi, un simple petit verre d'eau-de-vie ou un verre de vin blanc. Un matin, j'entends les réflexions d'un ouvrier, accoudé au comptoir avec un camarade, au sujet d'un avion parti d'Angleterre pour les États-Unis avec trois personnes dont une femme; depuis vingt-quatre heures, on n'en a reçu aucune nouvelle; de l'avis de tous les journaux, il est perdu ; au départ, il avait été béni par un évêque catholique anglais : « Heureusement », s'écria, en raillant, le consommateur, « qu'ils se sont fait bénir avant de partir ! Voilà encore un des résultats de l'imbécillité humaine ! » Ces réflexions irréligieuses, qui avaient généralement cessé de se faire entendre au cours des premières années qui suivirent la guerre, recommencent à se multiplier de toutes parts.

A Issy comme à Billancourt, les ouvriers prennent généralement, à chacun des deux principaux repas, un plat de viande, un plat de légumes, un fromage ou dessert, avec « un quart » (de litre) de vin rouge et un morceau de pain.

Et cela fait six francs, sans compter le pourboire que les servantes attendent. Les patrons donnent presque toujours du pain de fantaisie : la quantité en est moindre que du pain ordinaire. Parfois, la bonne demande : « Gros pain ? Petit pain ? » C'est-à-dire : pain ordinaire ou pain de fantaisie ? Il n'en était pas ainsi, trois ans plus tôt : les salariés d'usines se sont donc habitués à une alimentation plus raffinée, mais moins nourrissante et plus coûteuse. De même, l'usage du dessert — banane ou gâteau, un franc — ajouté au fromage est courant. La restriction porte sur la boisson : on ne voit plus d'ouvriers qui se fasse servir un litre de vin et moins de la moitié demandent une « chopine » (bouteille d'environ un demi-litre ; le plus grand nombre se contentent d'un « quart » (un quart de litre).

Par économie, pour vivre conformément à mon salaire, je supprime ou légume ou fromage et toujours le dessert et ne reprends pas de pain (1). Ma dépense varie entre 5 fr. et 5 fr. 50 et je quitte la table ayant encore faim; aussi ai-je

(1) Par exemple, un morceau de pain, un quart de rouge, un veau marengo, un fromage. Coût : 4 fr. 70. Avec le pourboire : 5 fr.

rapidement maigri et de façon appréciable. Il faut payer, à Issy et à Billancourt, six à sept francs le repas qui, il y a trois ans, à Paris, en coûtait, de quatre à cinq; et une chambre à la semaine me revient à trente-cinq francs au lieu de vingt-cinq à trente. L'augmentation du prix de la vie est donc très sensible. Il est vrai que le salaire de manœuvre est passé de dix-huit à vint-cinq francs. On peut cependant manger parfois à meilleur compte à Paris qu'à Billancourt : dans les restaurants parisiens à prix fixe, au cours de l'été et de l'automne de 1927, on fait un meilleur repas pour 5 fr. 50 qu'à Billancourt ou Issy, à la carte, pour 6 fr. 50, et, à Billancourt, à Issy, je n'ai pas découvert de restaurant à prix fixe. La collation du matin — un peu de café et un croissant — me coûte près d'un franc; ma chambre me revient à cinq francs par jour; il me faut donc dépenser quotidiennement, pour la nourriture et le logement, de seize à dix-sept francs; pour faire face à cette dépense essentielle pendant sept jours, je dois gagner presque vingt francs par jour ouvrable. Si le salaire est de vingt-cinq francs pendant trois cents jours ouvrables, il reste 1.500 francs pour faire face à toutes les autres dépenses. Or, le seul blanchissage est, au minimum, de 3 fr. 10 à 4 fr. 25 par semaine, à Billancourt [1], soit 161 à 221 francs par an. Il reste environ 1.300 francs pour l'achat de linge, vêtement, chaussures, pour leur entretien et pour toutes les autres menues dépenses [2].

Aussi comprend-on l'angoisse de l'ouvrier, surtout du simple manœuvre, qui se trouve sans travail. Au restaurant de mon hôtel meublé, un soir, pendant que je dîne, j'apprends qu'un des pensionnaires vient d'être débauché et que ses premières démarches pour trouver du travail ont été infructueuses. Il est tout triste, inquiet. Un de ses camarades lui conseille de se présenter à une usine qu'il lui indique : « On peut y être embauché, en ce moment. Mais ça ne paie pas.

(1) Voici une note de blanchisseuse :

1 chemise	1,25
1 caleçon	1,15
1 flanelle	1,15
1 mouchoir	0,20
1 paire de chaussettes	0,50
	4,25

Soit 3 fr. 10, si l'on supprime le gilet de flanelle ou toute autre pièce de linge analogue.

(2) Un bain-douche, par exemple, coûte 3 fr. 50 avec une serviette, un savon et un léger pourboire. On n'en peut donc user que par exception.

Ils ne donnent que 3 fr. 50 *de* l'heure ». Un autre pensionnaire s'écrie : « Ah ! celui qui a une place, aujourd'hui, fait bien de la garder ! » La patronne gémit sur les difficultés de la vie : elle connaît un restaurant, voisin d'une usine, qui ne sert plus que vingt déjeuners au lieu de 120. Partout, la crise sévit. Les ouvriers, n'étant pas groupés dans le corps professionnel pourvu d'un patrimoine corporatif dont les réserves permettraient d'assurer l'existence des chômeurs, sont livrés à leurs propres ressources individuelles, toujours insuffisantes : une crise économique risque de les plonger rapidement, même les plus travailleurs, les plus économes, les plus prévoyants, dans la misère;et les crises économiques se succèdent nécessairement, très fréquentes, dans le régime libéral qui, dispersant les patrons, les condamnant à l'isolement individualiste, leur interdit de se concerter en vue de régulariser l'activité productrice en la mesurant aux besoins connus ou prévus.

Un de mes amis [1], qui travaille dans une grande usine de Billancourt, loge dans une pen-

(1) V. Degand.

sion ouvrière de la localité. Deux de ses camarades de pension, âgés de vingt et dix-sept ans. travaillent, le premier chez Farman, le second chez Renault, comme manœuvres spécialisés sur machine. Ils gagnent cinq francs l'heure, quarante francs par jour. Mais l'un trouve que ce n'est pas encore assez : lorsque les « besoins » sont pris pour unique norme du revenu, comme ils n'ont pas plus de limite que le désir, le revenu n'y peut jamais suffire. L'autre est satisfait de son gain. Mon ami lui fait alors remarquer que, le prix de sa pension (chambre, collation et deux repas) s'élevant à 17 francs par jour pendant sept jours et son salaire à 40 francs par jour pendant six jours, sa dépense hebdomadaire est de 119 francs, son gain de 240 francs et, par suite, son bénéfice de 121 francs, soit plus de 6.000 francs par an qui lui permettent, déduction faite des menues dépenses et des frais d'entretien (linge, chaussures, vêtements), d'économiser environ 4.500 francs par an. « Eh ! attention ! réplique vivement le jeune homme. Et le chômage ?... Ainsi, il m'est arrivé déjà, ayant 2.000 francs d'économies, de subir un chômage qui m'a fait manger 1.300 francs ! » Toujours la précarité de l'existence, cette incertitude du lendemain qui est la plaie de la vie de l'ouvrier, la source du mécontentement, de la colère, de la haine, de la Révolution, et dont l'unique cause est l'isolement individualiste en régime de libéralisme économique ! Ce mal souffre un remède, un seul, l'organisation professionnelle. Une organisation purement syndicaliste, loin d'organiser la profession, la divise, la déchire et en prépare la ruine, puisqu'elle introduit au cœur même de la profession, la constitution de classes distinctes et ennemies, la lutte des classes, la guerre sociale.

Ce jeune homme n'a point mauvais esprit; il ne manifeste aucune tendance révolutionnaire. Victor Degand lui fait, à dessein, remarquer que « Renault vend des voitures de deux cent mille francs. Il faut en avoir, une fortune ! » Il répond par un geste évasif et indifférent ; l'existence de grosses fortunes ne soulève en lui aucune indignation.

Degand lui dit, à propos de l'agitation communiste en faveur de Sacco et Vanzetti, que *L'Humanité* fait campagne pour une grève de vingt-quatre heures. Il répond : « Après tout, ils ont raison de faire grève pour avoir du travail, puisque les usines débauchent ». Le motif révolutionnaire le laisse indifférent. Il ne voit dans une grève de protestation communiste qu'une grève professionnelle en vue d'obtenir du travail. Il s'imagine donc qu'une grève peut remédier à une crise industrielle et non pas l'aggraver. Cette illusion est l'effet de son ignorance. La plupart des ouvriers, d'ailleurs, ne collaborent aux mouvements révolutionnaires que parce qu'ils en attendent la sécurité de leur vie laborieuse : du travail assuré et de gros salaires. L'ignorance professionnelle, économique et sociale, est un important facteur de malentendus, de querelles violentes, de troubles sociaux. La profession organisée organiserait l'enseignement professionnel. Les deux causes de guerre sociale que nous venons de voir — le syndicat de classe et l'ignorance des salariés — deviennent particulièrement actives dans un État dont la constitution politique, reposant sur la lutte des partis, image et source de la guerre civile, introduit dans le gouvernement central les passions de la foule ignorante et, dans les affaires privées des citoyens, le contrôle et l'autorité du gouvernement, exige pour la constitution et le fonctionnement des partis l'exploitation des haines de classe et devient ainsi le ferment le plus redoutable de la guerre sociale.

Le jeune manœuvre spécialisé de chez Renault subit à son insu toutes ces influences funestes : ce qui l'immunise en partie contre elles, c'est un sens réaliste et même terre-à-terre qu'il tient de son ascendance auvergnate et picarde. Mais l'absence de famille — son père mort, sa mère se remarie et il la quitte, à treize ans, pour gagner sa vie — et le manque d'éducation morale et religieuse expliquent que, dès cet âge, il s'abandonne au commerce avec l'autre sexe ; il se vante maintenant d'avoir une « poule » et déclare nettement que, s'il contractait une maladie qui l'empêchât de satisfaire ses passions, il irait droit au pont de Sèvres, monterait sur le parapet et piquerait une tête dans la Seine. Il dit aussi qu'il travaillerait volontiers douze et treize heures par jour pendant l'hiver pour employer ses économies à un séjour au bord de la mer ou en montagne pendant une partie de l'été. Il assigne pour but à sa vie la jouissance matérielle. Ses qualités de travail et d'économie ne lui servent qu'à poursuivre ces satisfactions. Son bolchevisme moral en fait un parfait « laïque », sur qui joueront plus facilement les influences du bolchevisme politique et social. Ainsi naissent et se multiplient les révolutionnaires. Ce n'est pas en vain que la République a été choisie comme le moyen politique de déchristianiser la France pour la livrer sûrement, par le double jeu du régime politique et de l'athéisme d'État, à la Révolution intégrale.

§ 5. — *Distractions : théâtres et cinémas.*

Les distractions auxquelles se plaisent, l'été, de nombreux ouvriers sont la pêche, la bicyclette, la motocyclette et les sports. Le soir, je vois parfois filer vers Sèvres, sur le boulevard Édouard Vaillant, quelque ouvrier monté sur une motocyclette dont la valeur varie entre 5.000 et 9.000 francs. Un de mes camarades de l'usine d'Issy me dit, un samedi, qu'il partira le soir « pour la campagne, pour la pêche », à soixante kilomètres de Paris. Mais, habituellement, les amateurs de pêche se contentent des bords de la Seine, près du pont de Sèvres.

Les fervents de la danse trouvent, les samedis, dimanches et jours de fête, de nombreux bals avec jazz, dont l'entrée coûte de trois à cinq francs.

Ceux qui aiment la musique entrent, en passant, à *Bijou-Concert;* simple boutique où il suffit de jeter dans un des distributeurs automatiques quelque monnaie pour goûter le plaisir d'une audition. Chaque appareil porte mention du morceau de musique qui y est joué. Des jeunes ouvriers, des jeunes filles se versent dans les oreilles la mélodie de leur choix. Sur une des pancartes, je lis : « L'amour excuse tout ». La morale laïque en romance !

Boulogne - Billancourt possède un certain nombre de cinémas, théâtres et cafés-concerts. Par exemple, *Le Capitole* donne : « *Petite chérie.* Délicieuse comédie sentimentale : une heure et quart de charme et d'émotion ». Le *Grand Théâtre* de Boulogne : « *Athanase et Polidor. — L'embusqué de la 17*. — Grand bal de nuit* ». A *l'Eden-Fantasio* : « *Le puceau* » et « *T'auras pas ma fleur* ». Au cinéma du *Kursaal* : « *Le traquenard. — La femme sauvage. — Premier amour, première douleur* ». Telles sont les distractions de la scène ou de l'écran, offertes aux travailleurs des usines de Boulogne-Billancourt. Les titres suffisent à juger de leur influence moralisatrice.

Un samedi soir, je me rends à la représentation cinématographique donnée par le *Casino* de Billancourt. Une foule considérable s'y presse : ouvriers en vêtements des jours de travail, de très jeunes gens accompagnés de très jeunes filles, des enfants, des adolescents, des femmes et des fillettes, des familles, un grand nombre d'hommes où je remarque beaucoup de types étrangers, d'Italiens et d'Orientaux, beaucoup de Chinois aussi dont plusieurs sont venus avec leur femme française et portent eux-mêmes un marmot sur les bras. Qu'adviendra-t-il de ces unions, peut-être inscrites à la mairie, contractées avec des Jaunes qui n'y voient qu'un concubinage passager ? Et le sort de la femme ne sera-t-il pas encore pire si elle suit l'Asiatique dans son lointain pays ? La salle offre une image saisissante de l'invasion étrangère en France. Comme l'élément français et parisien domine encore, il y met son animation : l'assistance en est toute remuante, vivante, vibrante de plaisir avant même que les premiers accords de l'orchestre se fassent entendre. Un grand brouhaha de conversations, où se mêlent des rires et parfois des cris d'enfants, couvre presque le son des instruments qui ont entrepris de calmer ces ardeurs. Seuls, les films y réussissent : les scènes drôles ou pathétiques qui défilent sur l'écran fixent l'attention du public. Un des films se passe en Bretagne. A un certain moment, une procession se déroule sur l'écran; c'est aussitôt un grand bruit de ricanements et, derrière moi, un ouvrier s'écrie : « Des calotins . Il y en a encore par là ! » Quatre ans plus tôt, je ne constatais dans les milieux populaires parisiens aucune manifestation de sentiments antireligieux : maintenant, les malheureux retournent à leur vomissement ! (1).

Le soir de l'Assomption, je vais au cinéma *Le Capitole*, à Boulogne. Le prix des places varie entre quatre et six francs. La salle n'est pleine qu'aux deux tiers : ce sont des familles ou des couples de jeunes ouvriers avec leurs amies; je relève la présence d'un assez grand nombre

(1) J'en ai relevé les premiers symptômes au Faubourg Saint-Antoine, en 1924. Voir *Le Faubourg*.

d'étrangers. A un film sur l'espionnage dans l'aviation succède un film américain sur la désorganisation d'un foyer par l'adultère : tout à la fin, le mari bafoué pardonne. Une voix de jeune homme s'élève dans l'assistance : « Ah ! fais pas ça ! c'est *ballot !* »

Un samedi, dans un autre ciné de Boulogne, où les places coûtent de 3 fr. 50 à 6 francs, défile sur l'écran l'histoire d'une petite Cendrillon américaine ; souffre-douleur d'une tante riche et acariâtre, elle devient une étoile du Cinéma et épouse le fils d'un multimillionnaire. C'est une petite pièce amusante et morale. Un second film lui succède : l'histoire d'un jeune officier de la marine espagnole, porteur d'un grand nom, surnommé « *Boy* », intelligent, aimable, sympathique, mais étourdi, frivole, livré au plaisir et qu'une fâcheuse passion met à deux doigts d'un affreux scandale dont le sauvent un amour honnête et des amis fidèles, pièce vivante, brillante, animée, émouvante, mais moralement dangereuse. N'est-il pas fâcheux qu'en dépit de tous ses graves défauts Boy arrive toujours à se tirer d'affaire ? Il dissipe sa fortune, vit dans le désordre, risque d'être impliqué dans un assassinat, se voit porté déserteur, est sur le point de voir rompre l'union projetée avec la jeune femme qu'il aime et dont il est aimé; et cependant il reste aimable, gracieux, sympathique à tout le monde; ses amis viennent à son secours, le tirent de tous les mauvais pas et, finalement, tout s'arrange pour le mieux dans le meilleur des mondes par le mariage avec sa ravissante fiancée. Ce badinage est fâcheux : je constate qu'un jeune ouvrier en reçoit une vive impression qui se traduit par le « faut pas s'en faire », mais se laisser vivre au gré des circonstances et de ses fantaisies ou passions, puisqu'en définitive tout finit toujours très bien. Le vice est rendu aimable et présenté comme, en fin de compte, dépourvu de vrais dangers.

La salle présente l'aspect habituel des samedis soirs : pleine surtout de jeunes gens, dont beaucoup avec leurs jeunes amies. Devant un panorama des montagnes andalouses, un de mes jeunes voisins s'écrie, en termes choisis : « Quel charmant paysage ! » Un autre, indigné par le caractère haineux d'une marâtre : « De cette belle-mère, je ferais des saucisses ! » Un usurier au profil sémite, se profilant sur l'écran, arrache cette exclamation : « Un Juif !... Quel nez !... Sale Juif! » Au cours de l'idylle de Boy : « Eh bien ! conclut un des jeunes, ils vont se marier et avoir beaucoup d'enfants ! » Et son camarade, en écho : « Beaucoup de *chiards !* » Presque toutes les exclamations que je surprends sont inspirées par la gouaillerie parisienne, dénuée de toute sentimentalité.

Un théâtre de Boulogne joue : « *1914. — Maudite soit la guerre !* » Au milieu de tous les divertissements, surgit tout d'un coup la pièce à thèse qui, promenée sur toutes les scènes des faubourgs de Paris et des communes de banlieue, vise à exciter les passions antimilitaristes de la foule ouvrière et à livrer une France désarmée à des concurrents et ennemis, acharnés à s'armer jusqu'aux dents pour les conflits futurs. La salle, un samedi soir, est comble : un public d'ouvriers — familles, hommes, jeunes gens — s'y presse. La pièce est très bien jouée. Son réalisme, les expressions et scènes populaires attirent et retiennent l'attention et la sympathie d'un public qui s'y retrouve tout entier. Les types qui y sont dépeints lui font dire : « Comme c'est ça ! » Les mots drôles lui tirent le rire à gorge déployée. Il s'amuse, au début du moins; car, bientôt, les scènes deviennent tragiques et l'émotion joyeuse se change en colère et en haine. Dans l'acte des tranchées, on lui présente, en effet, un curé-infirmier invisible parce que toujours caché dans l'abri; on fait dire à l'un des soldats que nul ne voit jamais les généraux dans les lignes ; on campe sur la scène un major dur pour les malades, injuste, odieux, et qui fuit et se cache au moindre éclatement d'obus. On multiplie des réflexions comme celles-ci : « Pourquoi sommes-nous ici ?... Tuer les soldats d'en face, qui sont des hommes comme nous, quelle cruauté ! C'est inhumain... Les ouvriers et les paysans se battent ; les autres sont embusqués... Le bon Dieu, y s'fout de nos gueules ! » Et le public applaudit furieusement, crie : « A bas la guerre ! » Des gens autour de moi disent : « La guerre, c'est comme ça... c'est tout à fait ça... » Sur la scène, au lendemain de la conclusion de la paix, une concierge s'indigne : « J'ai sept enfants; quatre ont été tués. Alors, pourquoi en faire, des enfants?... On dit : c'est pour la France... » Elle hausse les épaules... Les spectateurs approuvent : ils boivent à pleine gorge tout ce poison.

Aucune allusion n'est faite à une agression injuste et cruelle, à la nécessité et au droit de se défendre contre ceux qui ont voulu, préparé et déclanché une guerre de conquête inique et d'odieuses rapines. Avec la complicité d'un gouvernement qui laisse toute liberté au mal, la pièce a distribué les images motrices, engendré les sentiments qu'elle visait à faire naître et qui agiront en temps utile, au temps de la prochaine, grande et cruelle épreuve : le désarmement moral se poursuit face à l'ennemi de toujours, qui travaille âprement et hypocritement à reconstituer sa puissance de choc pour les nouvelles iniquités que médite sa haine.

§ 6. — *La religion : la banlieue sans le Christ.*

Boulogne se contente de son église de village, édifice d'ailleurs charmant du XIVe siècle.

Billancourt ne possède qu'une misérable chapelle de hameau, petite construction moderne qui contient à grand'peine 400 places : 360 chaises sont disposées en rangs pour le public et une quarantaine sont empilées près de l'entrée. On y célèbre cinq messes le dimanche — le nombre maximum de fidèles qui pourraient assister à la messe dominicale serait donc de 2.000 — sauf en juillet-août : il n'y a plus alors que quatre messes, à six heures et demie, huit heures et demie, dix heures et onze heures et quart. Pendant cette période de l'année, je compte, aux quatre messes, 167 hommes, 480 femmes, 62 jeunes filles, 40 jeunes gens, 71 fillettes, 26 jeunes garçons, soit, au total, 846 personnes sur plus de 30.000 habitants (1).

(1) Messe de 6 h. 30 : 26 hommes, 91 femmes et 4 jeunes gens. Soit 121 personnes.

Messe de 8 h. 30 : 47 hommes, 161 femmes, 15 jeunes filles, 14 jeunes gens, 15 fillettes, dont 8 hommes, 11 femmes et 5 jeunes gens arrivés après l'offertoire. Au total : 252 personnes.

Grand'messe à 10 h. : Au début, il y a 15 hommes, 35 femmes, 11 jeunes filles, 4 jeunes gens, 21 fillettes, 10 jeunes garçons. Jusqu'à l'Évangile : arrivent 8 hommes, 24 femmes, 8 jeunes filles, 3 jeunes gens, 8 fillettes, 3 garçons. Au *Credo* : 2 hommes, 3 femmes, 4 jeunes filles, 1 fillette, 1 garçon. A l'offertoire : 2 hommes, 8 femmes, 1 jeune fille, 1 jeune homme, 5 fillettes. Une jeune fille sort pendant l'offertoire. Soit : 27 hommes, 70 femmes, 24 jeunes filles, 8 jeunes gens. 35 fillettes, 19 jeunes garçons. Au total : 183 personnes.

Messe de 11 h. 45. — A l'*Introït*, il y a : 44 hommes, 114 femmes, 10 jeunes filles, 11 jeunes gens, 14 fillettes. 2 jeunes garçons. Jusqu'à l'Évangile, arrivent : 21 hommes, 38 femmes, 13 jeunes filles, 3 jeunes gens, 5 fillettes, 4 jeunes garçons. A l'offertoire, arrivent : 2 hommes, 3 femmes, 2 fillettes, 1 jeune garçon Aussitôt après l'élévation, 3 femmes entrent et 1 sort. Soit : 67 hommes, 158 femmes, 23 jeunes filles, 14 jeunes gens, 21 fillettes, 7 jeunes garçons. Au total : 290 personnes.

Aux vêpres, il y avait : 5 hommes, 40 femmes et 3 enfants. Ces derniers sont partis au milieu de l'office.

Même accru au cours de l'hiver et du printemps, ce chiffre ne donnerait encore qu'un pourcentage lamentablement faible d'assistants à la messe dominicale : de 3 à 3,5 pour cent.

... La grand'messe est commencée. Les portes, largement ouvertes, laissent voir, de la Place de l'église, l'autel brillant de lumières et l'officiant. Deux Chinois, élégamment habillés, passent sur le trottoir. Devant le porche, ils s'arrêtent un instant et l'un de ces païens tire la langue, fait les pires grimaces qu'il peut imaginer. Le paganisme intégral de notre État républicain trouve ses alliés naturels chez tous les dissidents du christianisme — Juifs, schismatiques, hérétiques — et chez tous les païens du monde. Ce Cartel universel tend à fondre ses forces pour un assaut formidable contre l'Église. On conçoit que son premier souci soit de faire croire à la pureté de ses intentions, à l'innocuité de sa politique, à son désir de conciliation et de paix, et d'obtenir que le discrédit soit jeté sur les meilleurs défenseurs de la Religion qu'il a entrepris de détruire. Le piège, pour grossier qu'il soit, n'est pas de ceux que les chiméristes peuvent éviter.

CHAPITRE II

À PARIS : LE QUARTIER DE LA CHAPELLE.

§ 1. — *Une usine.*

Depuis un an, par suite de la crise économique, le personnel de l'usine est réduit de plus de moitié; encore ne travaillait-il, d'abord, que quatre jours par semaine et, maintenant encore, ne travaille-t-il que pendant cinq. Mais l'équipe de « l'entretien » de l'usine, à laquelle je suis affecté, est de service toute la semaine, par suite, fait neuf heures et la semaine anglaise. A cette équipe, les ouvriers qualifiés gagnent cinq francs l'heure; je suis payé au tarif des manœuvres, trois francs, soit 24 francs par journée de huit heures. Les ouvriers sur machines et les spécialistes touchent de cinq à dix francs l'heure. Ils sont donc assurés d'un salaire exceptionnellement élevé : de 40 à 80 francs par journée de huit heures. Cependant, l'état d'esprit révolutionnaire y domine à ce point que cette maison possède une cellule communiste fort active qui publie un journal d'usine. Le patron a, néanmoins, aidé de ses conseils et de ses deniers personnels plusieurs de ses ouvriers à acquérir un terrain dans la banlieue et y construire une petite maison. Il a prêté à chacun d'eux jusqu'à 20.000 francs sans intérêts. Lui aussi a constaté que les ouvriers ont besoin de conseils pour ces acquisitions : ils ne savent pas choisir le terrain, n'en aperçoivent pas les inconvénients ou défauts, se font parfois tromper par le vendeur ou par l'entrepreneur. Plusieurs de ses ouvriers ont souffert de leur inexpérience. Ainsi, une fois, il a dû intervenir pour faire restituer par l'entrepreneur 4.000 francs que l'ouvrier avait versés pour des travaux qui n'étaient pas encore commencés et pour lesquels un second versement de 4.000 francs était réclamé. Vendeurs et entrepreneurs spéculent sur l'ignorance des affaires, que montre l'ouvrier, et sur le manque de ressources qui lui interdit toute action en justice contre ses exploiteurs. Là encore, la Corporation professionnelle pourrait exercer une tutelle bienfaisante : enseigner, conseiller, aider, protéger.

Nous sommes chargés, un homme de l'entretien et moi, de démonter la grosse tuyauterie d'une machine génératrice, hors d'usage depuis que tout l'outillage est mû par l'électricité. Travail assez difficile et parfois pénible : il faut, dans les soubassements, entre les épais piliers de maçonnerie, dans des passages étroits et obscurs, déboulonner de gros et lourds tuyaux, les déplacer dans le sous-sol, les faire glisser sur une échelle de fer, les hisser jusqu'à la cour et les transporter sous le porche. Nous devons même défoncer un petit mur de briques : « Passez-moi le *porte-plume!* » me commande Gustave, mon compagnon. Il s'agit d'un pied-de-biche fait d'une lourde barre de fer qui mesure deux mètres de longueur.

Pour permettre la sortie ultérieure des grosses pièces de la machine, nous travaillons ensuite au démontage de la cloison vitrée qui ferme, sur la cour, la salle où la génératrice est fixée. J'arrache au ciseau le mastic, vieux de quarante ans, des vitres afin, celles-ci enlevées, de dévisser le cadre de fer et briser le ciment, la pierre, la brique, où il est scellé. Je manie donc ciseau et marteau, montant au besoin sur une échelle pour travailler contre le plafond qui est à quatre mètres de hauteur. Perché en face de moi sur une autre échelle, Gustave murmure : « Quand est-ce qu'on deviendra riche!... » C'est ce qu'il attend du communisme.

Car il est communiste. Non point de l'espèce nouvelle qui dissimule ses sentiments et sa propagande ; mais communiste vieux style : il étale ses sentiments révolutionnaires, il les crie. Devenir riche, voilà ce qu'il attend de l'avènement du bolchevisme en France. Il est déjà propriétaire en banlieue de la petite maison qu'il habite. Mais, lorsque je lui en parle, il fait la moue : il lui faut mieux que ça. Et le communisme, évidemment, ne pourra manquer de faire de ce petit propriétaire un gros propriétaire : les bourgeois parasites une fois exterminés, tous les gens du peuple seront riches et même très riches. La naïveté de ces rêveries nous plonge dans la stupéfaction : la passion qu'elles suscitent menace, si elle est satisfaite, de nous précipiter dans un lac de sang. Au cours d'une conversation avec les autres ouvriers de « l'entretien », Gustave s'emporte contre les gens qui achètent un grand terrain pour le revendre en détail et réalisent ainsi des bénéfices qu'il tient pour fabuleux : il estime le gain d'un de ces marchands de biens à quatorze millions, pas un de moins, pour une seule opération de lotissement. Il lui apparaît comme un scandale que des gens puissent ou sachent gagner une fortune quand il n'en est pas capable. L'envie est le grand ressort des démocraties et la source, pour la société, de tous les maux.

La Direction de l'usine ayant avisé, par note affichée, le personnel que, le lundi 19 septembre, jour du défilé de l'*American Legion*, serait chômé, Gustave est furieux : « Oui ! » ne cesse-t-il de gronder et de gémir avec un incroyable accent de rancœur, « oui ! lundi, ils danseront sur deux cadavres !... » Il récite par cœur cette phrase, lue sur les nombreux papillons communistes apposés un peu partout. « C'est si honteux, ajoute-t-il, que même des bourgeois se détachent des Américains ! ... » Encore tout frémissant d'indignation, il va porter la nouvelle à un camarade qui répond tranquillement et fermement : « On leur-z-y cassera la gueule ». Le lendemain du défilé de l'*American Legion*, Gustave, dès son arrivée, le matin, au vestiaire : « Hier, grogne-t-il, j'ai perdu quarante francs (ses huit heures de travail), sans compter la dépense qu'on fait quand on ne travaille pas ». C'est un garçon laborieux et, certainement aussi, économe : sinon, il n'aurait pu acquérir un terrain et y construire son modeste logis. Sur l'humble budget de l'ouvrier, la moindre perte d'argent se fait vivement sentir; c'est par un prodigieux effort de tous les instants et une attention sans cesse en éveil qu'il parvient, pour peu qu'il ait des charges de famille, à se constituer une petite réserve ou même, plus simplement, à équilibrer son budget. Nul n'est plus digne d'être soutenu dans ce méritoire effort de prévoyance et nul ne l'est moins que lui : il se débat entre l'isolement individualiste du régime économique libéral et les fallacieuses promesses électorales qui, l'accoutumant à tout attendre de l'État, l'acheminent tout naturellement, par un glissement fatal dont il ne prend même pas conscience, au socialisme intégral. Le régime politique républicain, électif, parlementaire, démocratique, n'en est pas moins coupable que le régime économique individualiste.

Un apprenti — quinze à seize ans — me dit, en passant : « Au lieu de vous donner tant de mal à desceller ces vitres, il était plus simple de tout f... par terre. Le patron aurait tout refait à neuf : il est assez riche ! — Ah ! vraiment ? — Mais oui ! Il a des mille et des cents... » Le sentiment que cet adolescent éprouve en présence de la fortune, c'est qu'elle est inépuisable et qu'elle permet de dépenser sans compter : mirage auquel cèdent parfois des gens riches qui, par là, se ruinent. Une gestion minutieuse et prudente est condition de la conservation comme de la création d'une fortune. L'illusion de cet adolescent constitue le fond de l'état d'esprit socialiste : l'État est immensément riche; il suffirait de prendre à pleines mains dans ses trésors incalculables et inépuisables pour que le peuple devînt riche à son tour. Là, gît l'explication psychologique du gaspillage ruineux que le régime socialiste entraîne et qui conduit à toute vitesse à l'universelle misère. Mais cette même explication psychologique vaut pour l'évolution du régime politique de la République élective, démocratique et parlementaire, qui conduit plus lentement mais aussi sûrement au même résultat.

Un ouvrier d'une cinquantaine d'années éprouve un double sentiment, très différent, à la pensée de la fortune du patron : « Le patron, me dit-il, il est archi-millionnaire... » Il baisse la voix pour me faire cette confidence et il y met un accent d'admiration pour un homme si riche. « ... Dans la famille du patron, poursuit-il, chacun a son auto et son chauffeur... Ah! il est riche à millions !... C'est qu'il n'a pas son pareil en affaires !... Un concurrent, il le met dans sa poche !... » Cet homme n'admire pas seulement le patron pour sa richesse, mais aussi pour son intelligence à l'acquérir : il rend hommage à sa valeur personnelle. Et voici l'autre sentiment que cette fortune lui inspire, sentiment où se mêlent une pitié généreuse, la charité d'un bon cœur pour les petites gens qui peinent si durement sans récompense, et un mouvement d'aigreur envieuse à l'égard de celui que ses dons naturels et les circonstances ont élevé au-dessus d'autrui. Il poursuit, en effet : « ... Mais c'est trop d'argent pour un homme, quand il y a tant de pauvres gens et que nous avons tant de peine à gagner nos trente à quarante francs par jour... » Cependant, si ce patron était moins riche, ces ouvriers ne seraient pas moins pauvres. Mieux : si ces ouvriers gagnent quarante à quatre-vingts francs par jour et s'ils sont nombreux dans cette usine encore prospère en dépit de la crise, c'est à l'activité intelligente de ce patron qu'ils le doivent. Mon interlocuteur l'a reconnu lui-même : la fortune de son patron est due à sa capacité supérieure pour les affaires ; elle est son œuvre, le salaire de sa haute valeur personnelle ; le stimulant de l'intérêt individuel lui a fait produire tous ses effets; supprimez-le, tout s'effondre. Mais l'esprit du pauvre et brave homme qui m'expose son sentiment est hanté par la chimère égalitariste. Reconnaissons toutefois que, dans ses ruminations confuses, se mêle obscurément l'idée d'une justice supérieure qui serait satisfaite par la collaboration du patron au mieux-être de ceux qui ont coopéré à la réalisation de ses conceptions industrielles et commerciales et, par suite, à l'édification de sa fortune. Mais c'est précisément sur le plan de l'organisation et de l'activité corporatives que cette collaboration pourrait, sans porter atteinte à des droits acquis ni aux conditions de prospérité des entreprises, s'exercer fructueusement en faveur des humbles mais indispensables et dévoués auxiliaires du chef, qui sont son « prochain », ses semblables moins heureux, des hommes menant avec courage une dure et pauvre vie.

L'homme reprend : « Les affairès ralentissent depuis que le franc a remonté... Et puis, il y a trop d'usines ; il ne suffit pas de produire, il faut consommer... » En quelques mots, d'une merveilleuse lucidité, ce simple ouvrier définit les causes du malaise économique : la rapide et considérable ascension du franc qui écarte les acheteurs étrangers, l'excès des moyens de production créés au lendemain de la guerre pour faire face aux exigences d'une situation exceptionnelle; et il termine par cette formule lapidaire — « il ne suffit pas de produire, il faut consommer » — qui exprime la vérité fondamentale, trop souvent méconnue et que le régime libéral ne permet guère de pratiquer, de l'équilibre nécessaire à réaliser entre la production et la consommation, entre les marchandises et les besoins, entre la création de richesses et l'existence de marchés, leur puissance d'absorption. Cet homme ignorant avait parfaitement compris notre situation économique et défini ses causes. Maintes fois, j'ai constaté cette sûreté de coup d'œil, cette justesse d'observation, cette rectitude de jugement, cette exactitude, rigueur et concision dans l'expression de la pensée, chez nos ouvriers français : il ne leur manque qu'une formation intellectuelle méthodique, avec, surtout, l'immunisation contre les folles erreurs de notre temps.

Mais cet ouvrier n'y échappe pas; brusquement, il tombe dans les préjugés vulgaires et me les expose sans le moindre esprit critique, bêtement : « ... Mon père — un malin qui était *socialisse* — me disait : Tu verras, Léon, du train que va l'industrie, il faudra qu'elle s'arrête... Et puis, moi, je dis que nous sommes trop nombreux ! Il y a trop de monde ! Comment nourrir tout ça ? — Les pays neufs, l'Amérique... — Mais l'Amérique, elle a déjà trop de monde !... — Pas du tout ! Voyez, par exemple, l'Argentine... — Mais, là-bas aussi, la place manque !... Faudra encore une guerre, vous verrez, pour en tuer des millions !... » Cette idée avait déjà cours en France, sous la Restauration : on se plaisait à expliquer ainsi et justifier les longues guerres d'où l'on venait de sortir; la bourgeoisie légitimait aussi par là son recours prudent aux méthodes que Malthus, de l'autre côté de la Manche, préconisait.

L'image de la guerre et de ses carnages éveille aussitôt chez mon interlocuteur l'idée absurde et criminelle, mise en circulation par les socialistes, des riches embusqués pendant que se battaient les pauvres : « ... Et c'est les gros, poursuit-il, qui nous enverront, nous autres, nous f... des grenades sur la g... et des coups de baïonnette dans le ventre !... Mais l'industrie, avec les inventions de nouvelles machines qui suppriment des bras, nous jette dans la misère : et on en invente toujours qui font notre travail ! On admire ces inventions sans songer à ceux qui n'ont plus de place, plus rien à manger et à qui il ne reste plus qu'à crever dans un coin !... » Toujours le préjugé centenaire contre les inventions industrielles ! On y a répondu cent fois : la nouvelle machine produit d'abord une économie de bras et, par suite, du chômage; mais la production plus abondante fait baisser les prix; le bon marché accroît la demande, d'où une extension de l'industrie qui ne peut augmenter sa production qu'en employant davantage d'ouvriers qu'elle n'en avait jadis besoin. De là, l'accroissement de la densité de la population en pays industrialisé. S'il fallait supprimer toute machine qui accomplit le travail de l'homme, il faudrait revenir à l'âge des cavernes. La machine, en se substituant à l'homme, ne supprime pas sa collaboration, mais lui épargne la fatigue. Ce qui est vrai, c'est que l'invention industrielle, l'introduction de machines nouvelles a pour effet d'amener, pendant quelque temps, du chômage. Mais le chômage et ses graves inconvénients n'apparaissent que dans le régime d'individualisme économique où la profession est inorganisée et où règne dans toute sa cruauté la loi d'une liberté de concurrence illimitée; l'ouvrier est victime d'un égoïsme outrancier. Dans le régime corporatif, au contraire, la profession prendrait à sa charge les chômeurs; en outre, la transformation de l'outillage s'effectuerait méthodiquement, progressivement, de façon à en supprimer les conséquences perturbatrices. Le régime corporatif protégerait donc l'ouvrier contre ces effets fâcheux que le régime libéral engendre. La profession organisée épargnerait aux ouvriers les souffrances que l'individualisme économique, l'anarchie de la production, la concurrence effrénée, la mêlée sociale rendent inévitables.

... On m'envoie peindre des panneaux de porte dans les ateliers mixtes : hommes et femmes, pour la plupart des jeunes femmes ou jeunes filles et des jeunes gens, travaillent en costumes légers. On soupçonne sans peine tous les graves inconvénients que cette intimité constante entraîne. Un ouvrier, d'une cinquantaine d'années, tient, devant moi, à un adolescent des propos fort égrillards : telle est l'éducation morale, de règle dans les ateliers, des jeunes par les anciens. Le vieil ouvrier, se tournant ensuite vers moi : « Quand, à mon âge, on va chercher du travail, il leur suffit de voir ma tête blanche pour n'en pas vouloir (1). On nous repousse. Les vieux ouvriers doivent avoir des rentes !... » Cette élimination est l'effet de la taylorisation du travail : elle exige une grande activité que, seuls, les jeunes et les adultes dans la force de l'âge

(1) Dans l'usine de Billancourt, mon compagnon, le vieux manœuvre, ancien tourneur, exprimait la même plainte.

peuvent fournir. Le grave problème de l'emploi des vieux ou de la retraite à leur assurer rend plus impérieuse la solution corporative, qui est la seule solution pratique possible.

Un autre jour, je peins une porte dans la cour. Un jeune menuisier — dix-huit ans — s'approche et, souriant : « Alors, le barbouillage, ça va toujours ?... » Un vieux manœuvre, qui balayait le bas de l'escalier voisin, me demande : « Quel âge me donnez-vous ? » Par politesse et désir de lui être agréable, je réponds : « De 55 à 60 ans », bien qu'il en accuse largement 65 et paraisse bien fatigué, bien usé. Il réplique avec, dans les yeux, un éclair de satisfaction : « J'en ai 64 !... Et je me suis marié il y a quatre ans!... Et j'ai déjà trois enfants !.. » Je plains les très jeunes orphelins qu'il laissera...

... Pendant que je repeins la muraille près de l'atelier d'emballage, Oscar — vingt ans — paraît sur le seuil : son pantalon de travail traîne sur ses espadrilles et le fond en descend jusqu'à ses jarrets. Oscar est très maigre, très étroit d'épaules; son buste est très long, ses jambes très courtes; son visage long et enluminé s'ombrage d'une casquette crasseuse à longue visière. Clignant des yeux, traînant la savate, grave, Oscar, d'une voix éraillée, entonne : « Si tu savais le secret de mon cœur... »

§ 2. — *Aspect général du quartier.*

Le quartier de La Chapelle s'étend entre les quartiers de la Goutte d'Or et de la Villette.

La Goutte d'Or, limitée à l'ouest par le boulevard Barbès et Montmartre, à l'est par les voies ferrées de la Compagnie du Nord, groupe autour de l'église Saint-Bernard des rues mornes et, au voisinage des Boulevards extérieurs, des rues mal famées; aussi, sous le viaduc du métropolitain, même en plein jour, les visages d'hommes et de jeunes gens suspects ne manquent-ils pas.

Le quartier de la Chapelle, limité par les Boulevards extérieurs et les fortifications, serré entre les lignes du chemin de fer du Nord et celles du chemin de fer de l'Est, est constitué par l'étroit et long faubourg né sur les flancs de la grand'-route ancienne de Saint-Denis. Son artère centrale, la rue de La Chapelle, en a gardé le tracé hésitant, œuvre des bêtes et des gens au cours des âges. Son nom vient de la chapelle édifiée en l'honneur de Saint-Denis martyr — aujourd'hui église paroissiale — où Jeanne d'Arc passa la nuit en prières et, au matin, communia avant de se porter avec ses troupes sur Paris (1).

Ce quartier est paisible. Sa rue centrale est animée, vivante, parfois même bruyante, parcourue par voitures, camions, autos, tramways. Le soir, elle brille des lumières des cafés qui s'y pressent et de deux grands cinémas. A ses portes, sur le Boulevard extérieur, le théâtre des Bouffes du Nord attire une clientèle avide de distractions.

Les chemins de fer, la douane et plusieurs usines y retiennent une population assez nombreuse d'employés et d'ouvriers.

Une seule fois, un dimanche, il m'est arrivé de croiser dans une rue du quartier, à sept heures du soir, un homme de 25 à 30 ans, ivre : le trottoir n'était pas assez large pour lui seul; ses vêtements portaient les traces d'une chute récente.

Sur les murs, s'étalent des affiches où les communistes invectivent l'*American Legion* qui va

(1) Cette petite église, menaçant ruine, est en voie de démolition et fera place à une église moderne.

débarquer à Cherbourg et venir défiler à travers Paris. Les légionnaires y sont traités de fascistes. Tout ce qui s'oppose à la Révolution est qualifié de fascisme.

Les différents kiosques à journaux du quartier — au square de La Chapelle, à l'entrée de la rue Ordener, au carrefour de Torcy — vendent des journaux juifs rédigés en *yidisch*. Deux de ces journaux portent en très petits caractères français la traduction de leur titre; l'un : *La Journée parisienne;* l'autre : *La Vie ouvrière.* Peut-être ce dernier, est-il un organe révolutionnaire à l'usage du noyautage juif des organisations révolutionnaires françaises. L'existence et la diffusion de cette presse étrangère prouvent qu'un grand nombre de Juifs, récemment immigrés du centre et de l'est de l'Europe, habitent le quartier de La Chapelle et qu'ils appartiennent à diverses catégories sociales : boutiquiers, employés et ouvriers. Les ouvriers communistes français du quartier détestent ces Juifs et les autres étrangers dont ils subissent, sans le savoir, la loi. Ils ignorent probablement que le maire et un vice-maire du XVIIIe arrondissement, dont dépend La Chapelle, sont des Juifs francs-maçons d'origine allemande et, s'ils ne l'ignorent pas, sont incapables de dégager de ce fait l'enseignement qu'il comporte.

§ 3. — *Logements et restaurants.*

Les chambres libres sont rares. J'interroge en vain plusieurs patrons d'hôtels meublés : ils n'ont rien à louer. Dans un « garni », cependant, une chambre est disponible : elle est très sombre, carrelée, pauvrement meublée, assez malpropre et elle sent la crasse et le renfermé. On m'en demande 40 francs par semaine. Je loue, dans un autre « garni », pour 35 francs, une chambre située au second étage sur une vaste cour dont elle reçoit air, lumière, soleil, en abondance. Mais elle est petite — environ trois mètres sur deux — carrelée, misérablement meublée d'un lit de bois, d'une sorte de grande caisse formant armoire, d'une petite toilette avec une seule serviette, d'une table de café en fer et d'une unique chaise à siège de bois. Sur les murs, il n'y a pas une patère, pas même un crochet pour pendre un vêtement, seulement un petit miroir, de vingt centimètres sur trente. Le foyer de la cheminée est aménagé en une sorte de fourneau rudimentaire qui permettrait de préparer les aliments, car cette chambre est disposée pour un ménage, même avec enfant. « Aux pauvres gens, tout est peine et misère », disait Gringoire. Cette chambre sent le renfermé, la poussière et le vieux linge sale. J'y trouve quelques puces, mais en petit nombre : la saison froide est commencée.

Une lampe électrique est fixée au plafond. La mince couverture du lit suffit tout juste à me protéger contre la fraîcheur des nuits de cette fin de septembre. La fraîcheur s'étant accentuée, le patron a fait distribuer dans les chambres un petit édredon. Comment, l'hiver, me préserverais-je du froid ? Le bas de la porte bâille sur le carreau; les paliers de l'escalier ne sont pas clos; de forts courants d'air les balaient, assainissant ainsi la cage d'escalier et la courette voisine sur laquelle prennent jour et respiration les *water* et les étroites fenêtres de chambres moins fortunées. Cette maison, ancienne, pauvre, aussi bien tenue que possible, correspond au type moyen des habitations ouvrières du quartier. Beaucoup de ménages y logent : il y a peu ou pas d'enfants, car je n'en entends ni crier, ni jouer; une seule fois, j'ai rencontré dans l'escalier une fillette de cinq à six ans, avec sa mère. Chaque locataire vit chez soi, à l'écart de ses voisins.

Cet immeuble est fort calme. Cependant, une fois, au milieu de la nuit, je suis brusquement réveillé par une voix de femme hurlant, en bas, dans le corridor d'entrée : « ... Oui ! j'irai coucher dans la rue !... Gros feignant, va ! Joueur de flûte !... Qu'est-ce qu'il m'en a f... des coups de poing dans la g..., mon mari ! Ah ! fumier, va !... » Une voix d'homme, brutale, tombe des étages supérieurs : « Vas-tu remonter te coucher ? — Non ! » Et sans doute la femme sort-elle, car le silence retombe sur toute la maison. « Ah ! » me dit, le lendemain, le patron, « chaque nuit, leurs proches voisins les entendent se quereller, s'injurier et se battre, pris de boisson, jusqu'à trois heures du matin !... »

Parmi les nombreux petits restaurants populaires de la rue de la Chapelle, je remarque un restaurant italien et un restaurant juif. Dans toutes ces modestes pensions, le repas est servi à la carte et revient à peu près aux mêmes prix qu'à Billancourt : il faut compter 2 fr. 50 pour une portion de viande; avec une portion de légumes ou un fromage, « un quart » de vin rouge et un morceau de pain, la dépense s'élève à environ cinq francs, auxquels il faut ajouter cinquante centimes de pourboire pour la servante. Un verre de vin blanc pris « sur le zinc » coûte soixante-dix centimes. La collation du matin sur le comptoir — « un crème » et un croissant — coûte entre quatre-vingts centimes et un franc.

Le chômage en l'honneur de l'*American Legion* et son défilé à travers Paris provoquent des réflexions acerbes. La veille du défilé, je surprends, au restaurant, ce bref échange de propos :

Un ouvrier. — « Le Français, il a de la gueule Mais quand il faut passer à l'action...

Son camarade. — « Ah ! pour la gueule, on en a !...

Le premier. — « Il y en avait, des discours, à Suresnes ! [1]... Alors, aussitôt... : » (d'une voix éraillée et par moquerie) « Vive l'Amérique !.. »

(1) Où l'*American Legion* s'était rendue pour honorer les tombes des soldats américains tués pendant la guerre.

Le jour du défilé, au repas de midi, trois ouvriers, mes voisins de table, se plaignent de ce chômage : « On chôme, dit l'un d'eux, on ne sait pas pourquoi ! Tu as besoin de *bosser* [2] toute l'année et on te fait perdre cette journée-là !... »

Le lendemain de la fête, je déjeune à côté de deux employés et deux ouvriers. Un des employés déploie *Le Petit Parisien* qui parle de l' « inoubliable » journée de l'*American Legion ;* il lance le qualificatif des journaux sur un ton d'ironie méprisante : « Inoubliable !... » L'autre employé, l'air maussade, hausse les épaules en silence. Un des ouvriers étale alors *L'Humanité* en disant, d'un ton ferme : « Ils étaient cent mille à Clichy ». *Ils :* les manifestants communistes.

Les menues dépenses grèvent lourdement le budget de l'ouvrier.

Les aiguilles de ma montre se détachent : pour les fixer, un horloger du quartier me prend

(2) Travailler.

quatre francs. Certainement, il doit acquitter de lourds impôts, des frais généraux considérables et, comme tout le monde, se défendre contre la vie chère. Mais, pour une infime réparation faite en moins de deux minutes, quatre francs ! Quel trou dans le porte-monnaie de l'ouvrier ! Et comment un ouvrier pourrait-il se passer de savoir l'heure?

J'entre chez un modeste coiffeur : une coupe de cheveux coûte quatre francs et il y faut joindre cinquante centimes de pourboire.

Chez la blanchisseuse, ma petite note hebdomadaire s'élève à 4 fr. 75 [1]. Les prix sont plus élevés qu'en banlieue.

§ 4. — *Théâtres et Cinémas.*

Pendant plusieurs jours, un ciel bas pèse sur la ville; souvent, une pluie fine tombe, silen-

(1) Voici, par exemple, une note :

1 chemise	1,50
1 flanelle	1,25
1 caleçon	1,25
1 mouchoir	0,25
1 paire de chaussettes	0,50
	4,75

cieuse, sur le pavé luisant et gras, répandant partout une humidité pénétrante. Nos chambres paraissent alors plus pauvres, plus inhospitalières, et nous n'avons plus la ressource de nous réfugier dans la rue. Le bar se fait plus accueillant, le cinéma plus tentateur, surtout le samedi soir et le dimanche.

Le vendredi, les cinés changent leur programme; le nouveau film excite la curiosité des jeunes; aux portes du *Ciné-Ordener*, rue de la Chapelle, presque au coin de la rue Ordener, font queue seulement des jeunes gens auxquels se mêlent quelques filles. Je m'y rends le samedi soir pour y retrouver la clientèle populaire du dernier jour de la semaine. Les prix varient entre 2 fr. 25 et 4 fr. 50. Deux films sont présentés au public : *Le Dédale*, de Paul Hervieu, et *Le loup des mers*. Au cours de la première pièce, une mère s'oppose au divorce de sa fille et la blâme, au nom des principes religieux, de son projet de rompre le lien conjugal : la salle murmure. Le divorce et le remariage sont néanmoins décidés : la salle approuve. La seconde pièce met sous les yeux du public un type de pirate; il ne connaît d'autre loi que celle de la force; il est athée et le proclame. Ses affirmations matérialistes emportent çà et là, un peu partout, dans la salle, de petits rires approbateurs. Ce peuple a maintenant dans le sang, avec cinquante ans de République, « la laïque » et le divorce, sa nouvelle religion et sa nouvelle morale.

Le Cinéma *Le Capitole* est situé à l'entrée de la rue de La Chapelle, près du Boulevard extérieur sur lequel il s'est ménagé une façade. Le prix des places varie entre 3 fr. 50 et 5 francs. Une semaine, il donne le film *Madame ne veut pas d'enfants*. C'est un dimanche, en matinée. Il y vient une quantité d'adolescents et de jeunes gens et aussi quelques familles avec leurs enfants : tous proprement vêtus, et avec goût, de leurs effets du dimanche. Il s'y mêle de jeunes couples suspects. De deux heures à deux heures et demie, la salle s'emplit et, au début du spectacle, n'est pas loin de réunir les 2.500 à 3.000 spectateurs qu'elle peut contenir. A mesure que les scènes du film se succèdent, l'assistance garde un silence de stupéfaction à la vue de ces mœurs mondaines d'après-guerre, la fureur du *dancing* sévissant sur les classes riches, la frivolité stupide de ces femmes et leur ruée furieuse au plaisir, le foyer conjugal déserté, les salons emplis d'une foule trépidante, en proie aux trépignements épileptoïdes du *charleston*, toute une société en décadence, retournée aux joies animales de désarticulation de pantins négroïdes. Lorsque, excédé de cette folie, le mari se fâche et emmène brutalement chez lui sa jeune femme arrachée au *dancing*, un grand bruit d'approbation court à travers la salle et lorsque la jeune femme, reprise par sa mère et une amie, repartie avec elles, finit, dans un sursaut d'honnêteté, par les quitter brusquement pour regagner l'appartement de son mari, de longs applaudissements, unanimes, éclatent. C'est la revanche du bon sens et du sens moral qui, sur ce peuple soumis à tant d'influences pervertissantes, reprennent pour un instant leur empire.

Tout à côté du *Capitole*, de l'autre côté du boulevard de La Chapelle, se dresse la façade du théâtre des *Bouffes du Nord*.

Au rez-de-chaussée, s'ouvre une petite salle d'auditions musicales : pour 25 centimes, le distributeur automatique vous sert la romance de votre choix. Beaucoup de passants, surtout des adolescents et jeunes gens des deux sexes, viennent y entendre à peu de frais les romances à la mode et les dernières chansons du café-concert, qui emplissent leurs oreilles de sons où la volonté se fond et leur imagination se peuple d'images dissolvantes de toute moralité. A la porte, un tableau énumère les principaux morceaux de musique qui sont débités : « Si tu savais combien je t'aime ! — Ah ! les fraises et les framboises ! — Tant qu'il y aura des coqs... — Un seul baiser... — Loin de tes charmes... », etc, toutes les grivoiseries, allusions malpropres, excitations aux mœurs légères, que l'esprit du mal peut concevoir. C'est la prédication de la nouvelle morale à tous venants qui ont quelques minutes et quelques sous à dépenser. Ces principes, une fois semés, germent sans retard.

Le théâtre des *Bouffes* annonce « *Dernière valse*, opérette viennoise, musique d'Oscar Strauss ». Je m'y rends un dimanche après dîner. La salle est pleine. Pour 3 fr. 50, je suis à « l'amphi », le « poulailler » populaire où afflue un public de jeunes gens et jeunes filles — ouvriers et employés — d'adultes et de familles avec leurs enfants, mais un public d'un niveau un peu supérieur à celui des habitués de cinémas. La salle se montre très attentive, recueillie et visiblement charmée. La réalité, plus vigoureusement accusée sur la scène par des personnages vivants, physiquement présents, que sur l'écran du ciné où ne défilent que des ombres, exerce plus fortement ses prises sur le spectateur; le relief, la couleur, le mouvement, le son des paroles dites ou chantées, le timbre de la voix accrochent et fixent l'attention du public, la retiennent et l'émeuvent avec autrement de force que le simple reflet en grisaille de silhouettes muettes, fantômes d'êtres absents. Et puis, cette opérette, qui se déroule dans le décor fastueux de salons russes et brode ses épisodes autour d'un amour menacé par la mort tragique, imminente, de l'amant, place dans un cadre brillant de costumes et de palais l'expression vivante de sentiments nobles et doux, y fait se mouvoir et vibrer de la jeunesse, de la fraîcheur et de la grâce, l'éternelle histoire de l'amour humain traversé par le malheur, bref tout ce qui charme et émeut : aussi l'auditoire, étonné de ne pas retrouver les saletés qu'exhibent et où se complaisent les spectacles habituels à notre temps, se repose en cette fraîcheur d'âme et s'y complaît. Mais il suffit d'un mot pour qu'il replonge dans cette boue à pourceaux dont il n'a que trop l'usage; il suffit que la mère dise à sa fille fiancée : « Ne commets pas d'imprudence avant le mariage; après le mariage, tu feras tout ce que tu voudras », pour qu'un rire général, de contentement et d'approbation, révélateur du fond de son âme et de ses mœurs, secoue tout le public.

§ 5. — *La religion.*

Dans la petite église de Saint-Denis de la Chapelle, j'ai compté 834 chaises. Le dimanche, à la mi-septembre, six messes sont célébrées, auxquelles j'ai compté 16, 56, 110, 173, 167 et 378 personnes; au total, 900, dont 163 hommes, 434 femmes, 117 jeunes filles, 70 jeunes gens, 69 fillettes, 47 jeunes garçons. En supposant, par impossible, en hiver une assistance augmentée de moitié, on obtiendrait, pour une population totale de 35.000 âmes, un pourcentage de 4 pour cent de catholiques pratiquants [1].

(1) Messe de 6 heures. — A l'offertoire, étaient présents : 1 homme, 13 femmes (dont 1 religieuse), 1 jeune homme, 1 jeune garçon. Soit : 16 personnes.

Messe de 7 heures. — A l'offertoire, étaient présents : 10 hommes, 32 femmes, 9 jeunes filles, 4 jeunes gens, 1 jeune garçon. Soit : 56 personnes.

Messe de 8 heures — A l'offertoire, étaient présents : 8 hommes, 73 femmes, 8 jeunes filles, 8 jeunes gens, 1 fillette, 12 jeunes garçons. Soit : 110 personnes.

Messe de 9 heures. — A l'offertoire, étaient présents : 18 hommes, 99 femmes, 21 jeunes filles, 8 jeunes gens, 22 fillettes, 5 jeunes garçons. Soit : 173 personnes.

Grand'messe, à 9 h. 45. — A l'offertoire, étaient présents : 13 hommes, 85 femmes, 35 jeunes filles, 1 jeune homme, 27 fillettes, 6 jeunes garçons. Soit : 167 personnes.

Messe de 11 h. 15. — A l'offertoire, étaient présents : 113 hommes, 132 femmes, 44 jeunes filles, 48 jeunes gens, 19 fillettes, 22 jeunes garçons. Soit : 378 personnes.

CHAPITRE III

Le flot montant du communisme.

§ 1. — *Les journaux.*

A l'occasion du dixème anniversaire de la Révolution bolchevique, *L'Humanité* consacre toute une série d'articles à la description du paradis Rouge. Ainsi, maintenant que la multitude des paysans est devenue serve des Soviets, *L'Humanité* (1) proclame que, dans l'U. R. S. S. (2), « seule, la Révolution a apporté un remède à l'atroce misère des moujiks » (du temps des tsars qui en avaient fait des hommes libres et des petits propriétaires). Dans les usines, on n'est pas

(1) 20 septembre 1927.
(2) Union des Républiques socialistes-soviétiques.

moins heureux que dans les campagnes : il y a, en effet, « augmentation générale du salaire réel des ouvriers » (1), par rapport à 1924, il est vrai ! Le journal ose vanter l'état des « finances soviétiques » et « la stabilité du tchnernovetz »; comme preuve de la vitalité intellectuelle de la nouvelle Russie, il nous apprend qu'à Léninegrad s'ouvrira « une semaine des savants » (2). Même il affirme que, « de 1923 à 1927, Moscou s'est embellie, transformée » (3). L'activité économique est si intense que « la foire de Nijni-Novgorod est ouverte »; on attire notre attention sur « le développement du bassin du Donetz », « l'électrification de la Carélie », la construction « de nouvelles usines en Géorgie » et « la participation ouvrière au perfectionnement de l'industrie soviétique » (4). On s'étend complaisamment sur l'organisation des « sanatoria, maisons de repos, et leur influence sur l'état sanitaire de l'Union » (5) soviétique : la population augmente. — Les lecteurs de ce journal qui

(1) 30 août 1927.
(2) 30 août 1927.
(3) 2 et 16 août 1927.
(4) 16 août.
(5) 23 août.

accumule les plus impudents mensonges s'imaginent vraiment que le miracle communiste a fait descendre sur terre les joies du ciel.

A l'inverse, le reste du monde est plongé dans la douleur. En Espagne, la dictature a « réduit le prolétariat à la plus noire misère ». Primo de Rivera convoque une « assemblée législative » : c'est parce qu'il « entend légaliser son coup de force » qui lui a permis de prendre « l'offensive anti-ouvrière » en « instituant l'arbitrage obligatoire » (1). Le voyage à Paris du roi Boris offre l'occasion de rappeler « les jours sanglants de la Terreur Blanche » (2). En Yougo-Slavie, « les terroristes de Belgrade condamnent Vouinovitch (militant communiste) à cinq ans de prison ». Bref, c'est « la terreur dans les Balkans » (3). Quant à l'Italie, c'est toujours « l'enfer fasciste » : à Modane, la douane de la gare est encombrée par une « foule lamentable » qui ressemble « à ces épaves humaines que ramènent à quai, après un sinistre, les paquebots de secours » : ce sont « aussi des rescapés, ces

(1) 16 septembre 1927.
(2) 31 août.
(3) 20 mars 1928.

hommes qui ont dû lutter, sous le régime fasciste, contre toutes les souffrances matérielles et morales, ces femmes qui ont vu la mort autour d'elles et leurs foyers détruits, ces enfants pitoyables que les privations ont épuisés », bref, tous ces « émigrants italiens chassés par la misère » [1]. Dans l'Amérique du Sud, a éclaté « la révolution agraire des Incas. Le gouvernement bolivien envoie des troupes pour écraser le mouvement d'indépendance »; c'est une « lutte acharnée que mène le prolétariat agricole indien contre ceux qui lui ravirent ses terres » [2]. « Deux cents révolutionnaires indiens ont été exécutés » [3]. Que dire des colonies? « Dans la Tunisie bâillonnée, le communisme » est l' « espoir de l'indigène » [1].

Il est très rare que *L'Humanité* attaque la religion. Cependant, on peut relever parfois des traces de son anticatholicisme. La « Semaine sociale » de Nancy, consacrée à l'étude des œuvres sociales féminines, suscite un article intitulé : « Répondons à l'offensive cléricale en sou-

(1) 27 août.
(2) 16 août.
(3) 17 août
(4) 19 août 1927.

tenant l'œuvre des institutrices » (1) et inséré dans la page consacrée à « La femme » : on y signale un « revirement... dans les milieux ecclésiastiques dans le but d'exploiter la situation nouvelle des travailleuses au profit de l'Église »; on y invite les lecteurs à « soutenir l'action menée en faveur de l'école laïque par les instituteurs et institutrices de la Fédération de l'Enseignement ». Sous la rubrique « Pointes rouges », à propos de l'installation de l'éclairage électrique dans une église neuve de Lisieux dédiée à « la petite sœur Thérèse », Jules Rivet raille « les candides croyants, ceux du Dieu en trois unités, de la Vierge toujours vierge, du diable à longue queue et autres balivernes », qui « sont offusqués par cette introduction du progrès dans les maisons où l'éteignoir constituait un symbole » (2). Sous la même rubrique « Pointes rouges », à propos d' « une enquête sur le sujet suivant : la procréation ne doit-elle être permise qu'à ceux qui, capables d'avoir des enfants sains, peuvent ensuite les élever ? » Jules Rivet répond : « Je me moque complètement de l'ave-

(1) 1er septembre.
(2) 19 août.

nir de ma race et de la force de mon pays.. Il y a quelque chose qui dépasse l'avenir de la race et la force du pays, c'est la liberté individuelle. Ton corps est à toi ! a dit Victor Margueritte. Ce qui signifie : fais-en ce que tu veux » (1). Une ample réclame est assurée à Henri Barbusse qui, « dans les *Judas de Jésus*, donne un tableau limpide et profond de la trahison des humbles par le Christianisme et expose les thèses du Communisme pour le triomphe des travailleurs et du prolétariat » (2). Parfois, un fait divers alimente cette polémique. Un frère Jésuite, de Parédès, ayant été assassiné à Paris, rue de Varennes, *L'Humanité* affirme que « l'exécution de De Parédès par ordre politique de la Sacrée Congrégation est, quoi que puissent alléguer les Supérieurs, la seule version plausible » (3). Mais ce ne sont là que des traits légers, discrets et fort rares. Tout l'effort du journal va à crever à coups de bélier, avec une violence redoublée, les remparts de la société.

L'Humanité utilise dans ce but les plus menus

(1) 29 août 1927.
(2) 30 août.
(3) 20 mars 1928.

faits pour les grossir, les déformer, les altérer; elle s'attache ainsi à donner une vision horrifiante de l'enfer capitaliste français. Nous apprenons avec étonnement qu' « au Croisic, à la Turballe, à l'Herbaudière, la faim menace les pêcheurs »; que « les allocations familiales permettent au patronat de lutter contre l'augmentation des salaires »; qu' « elles ont été instituées dans le but de diviser les travailleurs en deux catégories : les pères de familles et les célibataires ou mariés sans enfant » (1). *L'Humanité* (2) affirme que « les allocations familiales du Consortium du Textile sont une atteinte au droit de grève », que « l'ouvrier est rivé à l'usine » (3), que (4) « les caisses de compensation patronales constituent une organisation de lutte contre la classe ouvrière... sous le couvert de philanthropie ». Le « sursalaire entrave déjà dans une large mesure la liberté de pensée et d'action du bénéficiaire »; mais il s'y ajoute « d'autres œuvres » — hygiène et maternité, allocations de maladie, logement et habitation,

(1) 1er septembre 1927.
(2) 23 août.
(3) *Id.*
(4) 31 août.

organisation des loisirs — « dont les règlements sont aussi draconiens que ceux qui régissent les caisses d'allocations familiales ». Toute amélioration du sort des travailleurs est haïe et combattue par les socialistes, car, sans souffrance de la population ouvrière, pas de Révolution.

Les efforts faits pour supprimer les crises industrielles en organisant l'industrie ne sont pas moins dénoncés comme dirigés contre la classe ouvrière qu'ils délivreraient cependant des maux dont ces crises l'accablent. Ainsi, pour remédier à la crise grave que l'industrie de l'automobile traverse, il est question « de constituer un consortium de l'automobile ». D'après *L'Humanité*, « cette solution apportera peut-être une trêve dans la lutte entre les fabricants d'autos, mais... n'apportera aux travailleurs... qu'exploitation renforcée et misère » (1). Les patrons cherchent également à réorganiser le travail dans les ateliers de façon à réduire les frais généraux et, par suite, le coût de revient : aussitôt, les communistes s'insurgent contre ce progrès. Le taylorisme, disent-ils, conduit à la misère la grande

(1) 24 août 1927.

masse des travailleurs... La rationalisation capitaliste est une exploitation renforcée du prolétariat » (1). Ils dénoncent « la politique de collaboration de classe », que préconiserait le « syndicalisme réformiste » et qui, écrivent-ils, « sert les intérêts de la bourgeoisie » (2). Ils affirment que, dans le projet actuel, « les assurances sociales » vont « être payées uniquement par les travailleurs ». — Erreur! car, dans le projet, les assurances sont alimentées, moitié par les cotisations ouvrières, moitié par les cotisations patronales. — Le versement annuel, étant évalué à quatre milliards et demi, « la loi, conclut *L'Humanité* (3), apporte donc à la classe ouvrière de ce pays l'obligation de payer quatre milliards 500 millions d'impôts nouveaux directs ou indirects », car la totalité sera, « en réalité », supportée « par les ouvriers ». — C'est absolument faux, puisque les patrons en paient la moitié.

A cette vieille conception « bourgeoise » de la solidarité obligatoire des patrons et des ouvriers dans la constitution de la caisse des assurances,

(1) 16 septembre.
(2) 19 septembre.
(3) 18 août 1927.

les communistes opposent la leur : « Les caisses d'assurances sociales doivent être alimentées : 1° par les bénéfices à réaliser de la monopolisation des nombreuses Compagnies d'assurances privées (en 1923, elles ont manipulé plus de dix milliards) » — manipuler n'est pas gagner; — « 2° par un prélèvement progressif sur les gros bénéfices (en 1914, cinq milliards par an, plus de vingt milliards actuellement) » — donc, diminution des bénéfices, poussée progressivement jusqu'à leur absorption complète par l'impôt; dans ces conditions, que les industries ne fuiront pas à l'étranger! — « 3° par les économies sur les budgets croissants de la guerre et de la marine » (1). — Mais que deviendra la sécurité du pays, sans laquelle il n'y aurait aucune sécurité pour les forces nationales de production et, par suite, pour le salaire et le pain des travailleurs ?

L'Humanité a réponse à tout et nous permet ainsi de juger de la valeur de ses réponses. Après avoir facilement et irréfutablement montré la faillite de la Société des Nations (2), elle conclut

(1) 26 août.
(2) 17 septembre.

tranquillement, sous la signature de Pierre Sem : « La paix réside seulement entre les mains des masses prolétariennes et sa force potentielle est dans l'U. R. S. S., dans le gouvernement des ouvriers et paysans, qui doit être défendu contre tous ses ennemis ». Aussi « les initiateurs de la campagne antisoviétique peuvent-ils être qualifiés d'incendiaires et de fauteurs de guerre » (1). Seule, la Russie rouge est messagère de la paix universelle. Elle le prouve à la face du monde lorsque son délégué à Genève, Litvinov, propose le désarmement général. C'est « une grande journée : les impérialismes » sont mis « au pied du mur. Litvinov demande aux représentants des puissances de répondre sans détours aux propositions de désarmement de l'Union soviétique... Le projet soviétique porte en lui la solution de ces graves problèmes, sécurité, liberté des mers, etc., que 38 sessions de la Société (des nations) et du Conseil, 120 sessions des comités et sous-comités génevois, et 111 résolutions ont été incapable de résoudre. Aussi bien les masses laborieuses ne s'y sont pas trompées. Elles ont ac-

(1) 17 août 1927, article *Le bilan de la S.D.N.*

cueilli d'enthousiasme les propositions de l'U. R. S. S. » Quelques jours plus tard, *L'Humanité* proclame, en gros caractères d'imprimerie, qu' « à Genève, l'U. R. S. S. lutte avec acharnement pour la paix. Litvinov démasque la fourberie des impérialistes et en appelle aux masse écrasées... Les bellicistes sont démasqués. Avec une force et une ironie supérieures, Litvinov cingle les représentants des États impérialistes ». Il déclare que « le désarmement général et immédiat est la garantie de paix efficace qui répond aux nécessités quotidiennes de l'humanité d'aujourd'hui » et que « le temps n'est pas loin où les masses populaires vous obligeront à prendre en considération nos propositions » (1).

Et pendant que le représentant des Soviets se livre à ces manifestations bruyantes de pacifisme, son gouvernement développe rapidement sa puissance militaire : le budget de la guerre augmente chaque année; il est passé de 420 millions de roubles en 1925 à 728 millions (presque 9 milliards de francs) en 1928. Dès le 17 août 1925, Frunsé, un des chefs de l'armée, disait : « Notre

(1) 23 mars.

armée s'augmente et s'améliore pendant que nos adversaires se contentent de maintenir leurs positions. C'est pourquoi chaque année est un profit pour nous. Bientôt, nous serons plus forts que tous les États capitalistes ».

La C. G. T. U. représente en France, d'après *L'Humanité*, l'unique force capable d'assurer, avec la paix internationale, le bonheur de la classe ouvrière. A l'occasion du congrès communiste de Bordeaux, ce journal, sur la page consacrée au « Front ouvrier », proclame « la C. G. T. U., seule organisation capable de conduire les masses ouvrières à la victoire. Dans tous les domaines, elle a été à l'avant-garde du prolétariat » (1). Elle conduit « vers un syndicalisme de masses » (2).

Aussi le Parti communiste est-il puissamment organisé et ses moyens d'action ne cessent-ils de s'accroître. Sous la rubrique « La vie du parti », nous lisons (3) que, « dans la région parisienne depuis un an et demi, le nombre de nos journaux d'usines a triplé ». Au début de 1926, il y

(1) 23 août.
(2) 16 août.
(3) *Id.*

en avait 33 ; au deuxième trimestre de 1927, il y en a 104. Mais, fait-on remarquer, « ce serait une politique dangereuse que de chercher seulement à accroître le *nombre* de nos journaux sans se préoccuper d'en améliorer la *qualité* ». *L'Humanité* sert à assurer le service des convocations aux divers groupes de l'armée de la Révolution. On y lit, un jour, un avis relatif aux cours de l' « école de propagandistes des Métaux » (1); un autre jour, une convocation des « secrétaires de rayons et de sous-rayons : Ce soir, à 20 h. 30, 120, rue La Fayette, aura lieu une importante réunion où les rayons et sous-rayons de la Seine doivent absolument être représentés. Des directives seront données pour le travail d'agitation des prochaines semaines et en particulier pour le travail du Parti au cours de la Semaine internationale des Jeunes qui aura lieu du 26 août au 4 septembre » (2). Une autre fois, deux colonnes et demie de *l'Humanité* (3) sont consacrées aux convocations des « Organisations centrales », des « Fractions », des « Rayons adultes », des

(1) 16 août.
(2) 19 août 1927.
(3) Par exemple, le 3 septembre

« Rayons jeunesses », des « Cellules », des « Groupes d'enfants », des « Syndicats », des « C. I. », des « S. R. I. », des « Locataires », des « Divers », des « F. S. T. » de Paris et de la banlieue.

La pénétration de l'armée par les cellules communistes y provoque, pendant une partie de l'été de 1927, d'incessantes manifestations, des petites mutineries, qui se succèdent presque sans répit. Dès la fin de juillet, *L'Humanité* [1], préparait la grande manifestation antimilitariste de Garches, crie : « A l'aide des soldats! Par la réorganisation de son armée, l'impérialisme français se prépare à la guerre. Par leurs manifestations presque quotidiennes, les soldats font échec à ses sinistres projets et se trouvent à la tête du prolétariat dans la lutte pour la paix... La lutte des réservistes va sans cesse en s'amplifiant. Désormais, il ne se passe pas une semaine sans qu'une manifestation se produise en un quelconque point de France... Des milliers de réservistes ont appliqué le mot d'ordre que nous lancions au mois de mars : Transformer les périodes de la bourgeoisie en périodes d'entraînement révolutionnaire ».

(1) 29 juillet 1927

Il faut bien comprendre, en effet, que l'antimilitarisme des communistes est seulement dirigé contre le militarisme bourgeois et vise à lui substituer le militarisme communiste. Victimes de l'équivoque, les réservistes multiplient leurs manifestations qui désagrègent l'armature de la Société. *L'Humanité* en donne avec empressement le récit. Par exemple, « les réservistes du 19e R. A. D. manifestent à Nîmes... Ceux du 4e Génie de Grenoble chantent l'Internationale... Au 22e régiment d'aviation à Chartres », les réservistes se plaignent de plusieurs officiers et de la nourriture [1]. Au camp de Mailly, les réservistes, « depuis le début des périodes, n'ont cessé de protester et de manifester contre la mauvaise nourriture, l'habillement minable, les brimades et les vexations de toutes sortes... Par l'incapacité des G. D. V. [2]... au camp de Valdahon, les réservistes des 4e et 134e R. I. ont entendu siffler les balles au-dessus de leurs têtes. A Mailly, un officier a été blessé au milieu de son détachement » et même « les mitrailleuses tirent sur les réservistes... C'est miracle qu'il n'y ait pas à

(1) 30 juillet 1927.
(2) Gueules de vaches, c'est-à-dire les gradés.

déplorer de nombreux morts et blessés. La responsabilité de cet incident, qui aurait pu avoir des conséquences terribles, incombe aux officiers complètement incapables de diriger leurs détachements sur le terrain... A Valdahon, deux régiments ont failli s'entre-tuer... Les réservistes des deux régiments sont indignés de se voir commandés et dirigés par des G. D. V. absolument incapables... Une grande effervescence n'a cessé de régner au camp de Valdahon pendant le mois d'août... Deux réservistes... ont été jetés en prison pour avoir distribué des tracts » antimilitaristes. « ... Pendant trois jours, le mécontentement ayant atteint le maximum, plusieurs centaines de réservistes manifestèrent vigoureusement. Au chant de l'*Internationale*, ils se rendirent devant les prisons et ils firent sortir les prisonniers. C'est encore un exemple dont sauront s'inspirer les réservistes des autres régiments » (1). « Au camp de la Courtine, l'état-major recule devant la colère des réservistes. Les grandes manœuvres qui devaient avoir lieu ces jours-ci sont décommandées » (2). Le journal est

(1) 23 août 1927.
(2) 21 septembre.

plein de détails de ce genre qui montrent que l'armée se décompose et qui encouragent les ouvriers à aggraver et hâter cette décomposition lorsqu'ils seront convoqués à leur tour. L'opinion s'accoutume à ces faits et les accepte sans en mesurer l'extrême gravité. Le gouvernement, en ne réagissant pas, favorise ce travail de dissolution des forces sociales, que *L'Humanité* poursuit sans relâche, une fois les périodes d'instruction terminées, en publiant avec ténacité tous les menus faits de la vie militaire susceptibles d'éveiller et de développer l'esprit de révolte. Par exemple, dans un seul numéro du journal (1) : « A Lyon, les G. D. V. (Gueules de Vaches) briment et tuent. Non reconnue à la visite, une jeune recrue du 99e B. I. A. meurt de la diphtérie ». Une revue des plaintes pour punitions ou mauvaise nourriture, « au 551e R. C. C. au camp de Châlons..., au 8e Génie au Mont Valérien..., aux sapeurs-pompiers (poste Parmentier)..., au 1er Génie à Versailles..., à la 3e C. O. C. au camp de Châlons..., au 1er chasseurs à Alençon », est passée sous le titre général : « Chez les soldats et les marins. Dans la grande famille ». Cette

(1) 21 mars 1928.

revue joue, pour nos forces militaires, le même rôle que les journaux d'usine pour nos forces industrielles. Elle suscite des manifestations même de conscrits : « Les conscrits de Fives-Lille ont défilé en ville, musique en tête, au chant de l'*Internationale* et de la *Carmagnole*, au grand effarement des bourgeois. La police n'a pas osé intervenir » (1).

Pour commémorer l'anniversaire de la guerre de 1914, *L'Humanité* (2) affirme, par la plume de Vaillant-Couturier, que « Lénine... osa se dresser... en révolutionnaire réaliste, contre la guerre, *Lénine qui, à la tête du premier État prolétarien, sut faire la paix* » et même la guerre à la Pologne, en attendant que la guerre sociale éclatât en Chine, au Mexique, et en la préparant, en la soudoyant, dans le monde entier. Il est vrai que cet apôtre de la paix universelle, Lénine, a écrit : « Élevons le drapeau de la guerre civile » (3).

La manifestation champêtre, qui a réuni, le

(1) 22 mars 1928.
(2) 31 juillet 1927.
(3) Cité en gros caractères dans *L'Humanité* du 31 juillet 1927.

31 juillet, des « dizaines de milliers » [1] d'ouvriers communistes, est dirigée « contre la guerre impérialiste »; elle installe « un immense camp rouge sous les arbres de Garches » : « Pleinement consciente de la gravité de l'heure, c'est aux cris mille fois répétés de : A bas la guerre ! A bas les projets militaires ! Vive l'armée rouge ! Amnistie ! Vivent les Soviets ! que la foule de Garches a manifesté, hier, derrière ses drapeaux rouges » [2] et ses Gardes-Rouges en uniforme *militaire*, pour la guerre civile, la guerre sociale, la guerre universelle !

C'est ce qu'André Marty appelle « établir la paix par la Révolution » : « Elle viendra subitement, la guerre, comme l'autre. Il faut que les ouvriers et les paysans se préparent à lutter contre elle » [3] en la faisant sans plus tarder! La guerre pour la sécurité nationale est un crime : la guerre de destruction, pour les viols, les massacres et les pillages, pour l'extermination d'une classe sociale et la réduction à la misère et à l'esclavage du surplus de la population, est un bien.

(1) *L'Humanité*, 1er août 1927.
(2) *Id.*, 1er août.
(3) 2 août.

La nouvelle se répand de l'imminente électrocution de Sacco et Vanzetti. *Le Libertaire* lance une édition spéciale (1) avec une énorme manchette : « Alerte! » Il menace : « ... S'ils meurent ? Eh bien ! que ce soit la bataille ! Que l'Amérique sache que le crime accompli ne restera pas impuni !... Ce sera la chasse aux fauves sociaux qui commencera aux cris répétés de : Sus aux assassins ! Sus à leurs complices ! » Et *Le Libertaire* donne cette consigne : « Tenons-nous prêts pour mardi, s'il le faut ! » Le mardi 23 août, c'était l'émeute de Montmartre et du boulevard Sébastopol. Dès le samedi, *L'Humanité* (2), annonçant le rejet du pourvoi, donne le portrait du « gouverneur-bourreau Fuller » et du « juge-assassin Thayer » et commence à mobiliser ses partisans : « Ils vont être exécutés !... Debout contre le crime ! » Le lendemain de l'émeute, *L'Humanité* (3) exulte : « Paris ouvrier, maître du pavé !... Montmartre et le Centre en état de siège... 100.000 travailleurs dans la rue... » Vaillant-Couturier accuse de

(1) *Le Libertaire*, 21 août 1927.
(2) *L'Humanité*, 20 août 1927.
(3) *Id.*, 24 août.

provocation la police : alors, « des ébauches de barricades surgissent. La foule ouvrière réagit et contre-attaque... Les quartiers du centre, abandonnés par une police débordée qui se cramponne aux boulevards, sont désormais à elle. Et, soudain, l'inspiration populaire éclate, spontanée » : — cette spontanéité obéissait mécaniquement à la consigne répétée à satiété dans tous les meetings des jours précédents (1) — « A Montmartre ! A Montmartre, capitale du dollar qui s'amuse !... Les colonnes de manifestants montent vers la place Clichy, la place Blanche, la place Pigalle. Là-haut, c'est la nuit de fête, la quotidienne nuit de fête qui bat son plein... Les vitres sautent... Les glaces sautent... Sacco ! Vanzetti ! Amnistie ! Et, terrée au fond des boîtes de nuit tandis que la colère populaire déferle, l'internationale de la noce fait la connaissance du vrai Paris, du Paris des fils de la Commune, sur le terrain même où s'élevèrent ses dernières barricades... »

(1) On surprend ici sur le fait le déclenchement, organisé avec soin, de l'émeute : ce que Taine appelait naïvement « l'anarchie spontanée ». Par cette formule, il croyait expliquer les mouvements populaires de la Révolution française, Augustin Cochin en a dévoilé la préparation savante dans les Loges maçonniques et Sociétés de pensée.

Plusieurs semaines avant le défilé de la Légion américaine à travers Paris, *L'Humanité* attaque les légionnaires : elle les traite d' « émules de Mussolini » et prétend qu'avant de « se faire les complices des assassins de Sacco et Vanzetti », ils « assommaient en 1920 à la mode fasciste les ouvriers socialistes et syndicalistes américains » (1). Quiconque réagit contre le communisme est traité de fasciste ». *L'Humanité* et d'autres feuilles d'extrême-gauche ne cessent de qualifier de fascistes jusqu'à ce pauvre Kérilis et *L'Écho de Paris* qui finissent par s'éveiller de leur optimisme torpide et dénoncer le péril révolutionnaire en France : où l'on voit la vanité d'une politique de concessions à l'ogre; ces concessions, inspirées par la sottise ou la peur, redoublent son audace et son appétit. *L'Humanité* prétend que les communistes français sont persécutés par un gouvernement « d'Union nationale » qui emprisonne les militants, cherche à rompre les relations diplomatiques avec l'U. R. S. S. et, pour le 19 septembre, se prépare, avec « la police, la garde républicaine » et « le con-

(1) 27 août.

cours des organisations fascistes françaises », « à assommer les contre-manifestants » qui marqueraient leur réprobation contre les fascistes américains. Pour ne pas tomber dans « ce guet-apens » et pour répondre cependant « à la provocation de la Sainte Alliance gouvernementale fasciste et légionnaire, les organisations révolutionnaires... appellent le prolétariat parisien à une grande démonstration qui aura lieu à Clichy pour l'inauguration de la place Sacco-Vanzetti... » (1).

Rendant compte de la fête nationale du 19 septembre, *L'Humanité* (2) affirme que « 100.000 manifestants » se sont réunis à Clichy, « la cité rouge », faisant ainsi une « grandiose démonstration de volonté révolutionnaire..., foule enthousiaste et ardente du vrai peuple des travailleurs de Paris », tandis qu' « à travers les quartiers des oisifs » se tenait la « grande parade de foire des légionnaires américains », se déroulait « sous la protection des baïonnettes, aux acclamations hystériques des chanoines et parmi les rires des badauds », le « défilé burlesque des fascistes

(1)) 16 septembre 1927.
(2) 20 septembre.

yankees... » Vaillant-Couturier compare les deux cortèges : « C'est par une magnifique démonstration d'ordre et de force que le prolétariat de la région parisienne — l'élément le plus sain au sens de classe le plus élevé, plus de 100.000 hommes et femmes — a apporté le témoignage de sa réprobation à la fête nationale du 19 septembre, de sa solidarité avec les martyrs d'Amérique, de sa volonté d'amnistie et de défense révolutionnaire. Sur le passage du défilé, une foule dense de sympathisants, petits commerçants, employés, acclamaient. Pas un bourgeois n'avait osé sortir un drapeau américain. Du haut des balcons, ils constataient, atterrés, derrière leurs volets de fer entre-bâillés, la longueur indéfinie du cortège... », tandis qu'à Paris « la parade stupide des légionnaires fascistes — moulin-rouge, méthodisme, rationalisation, Ku-Klux-Klan, fordisme, chaise électrique, démocratie, régime sec, cuite et Mademoiselle combien ? — défilait au son des jazz burlesques devant des chauvins, des camelots du roi, des femmes excitées et une foule de badauds attirés par le cirque... » (1).

(1) *L'Humanité*, 20 septembre 1927.

Les journaux de gauche et d'extrême-gauche appuient plus ou moins nettement, conformément aux nuances que la position politique de chacun d'eux exige, les campagnes de *L'Humanité*.

A l'occasion de la visite de l'*American Legion*, *Le Quotidien* (1) répond par un éditorial de Bertrand, intitulé « La maison est en deuil ». Piatt Andrews, de la Légion, a évoqué « La sympathie », la « Flamme d'amitié » des combattants américains pour la France; P. Bertrand riposte : « ... Nous en sommes reconnaissants... Jamais la France n'a été plus proche de l'Amérique qu'en ces jours de commémoration. Cependant, il (Piatt Andrews) comprendra que nous ne pouvons participer aux fêtes officielles qui seront données à l'American Legion. Notre présence, en effet, y serait une hypocrisie et un reniement. Nous n'avons pas le cœur joyeux... » et, rappelant ses vains efforts pour sauver Sacco et Vanzetti, « la bataille désespérée que nous avions engagée contre les forces d'iniquité qui dominent le monde », Bertrand conclut : « Nous avons été

(1) 17 septembre.

vaincus. Souffrez que nous n'en dissimulions pas le regret et la tristesse. Notre participation à des fêtes... attesterait une légèreté que l'American Legion elle-même ne peut souhaiter... Il est bon, il est sain, il est juste que notre protestation silencieuse les invite à réfléchir... L'American Legion est la bienvenue. Mais la maison est en deuil ». Et, le lendemain de la fête, sous la même signature, nous lisons : « La fête est finie. Ou plutôt, il n'y a pas eu de fête. Il n'y a eu que des cérémonies... Paris... s'est abstenu... On avait décrété que le 19 septembre serait un jour de fête nationale. Ce fut une fête nationale étrange à laquelle la nation refusa de participer... » (1).

La Société des Nations a toujours la faveur du *Quotidien;* il attire l'attention de ses lecteurs sur « Une grande séance à Genève », où, « en un discours unanimement applaudi, M. Aristide Briand proclame sa foi dans l'œuvre et les destinées de la S. D. N. ». Le journal cite même, dans un cadre spécial, ce passage du discours de Briand : « Les peuples sentent bien que, si

(1) 20 septembre 1927.

la Société des Nations disparaissait, ce serait le grand frisson des conflits sanglants qui viendrait les affoler de nouveau ». Toutefois, contrastant avec son enthousiasme des années précédentes, le même numéro du *Quotidien* (1), dans l'article « L'organisation de la paix », sous la rubrique générale « Notre politique » et signé par « Interim », fait de fortes réserves qui rejoignent l'âpre réquisitoire de *L'Humanité :* « A la réflexion, tout le lyrisme pacifiste n'est rien qu'une symphonie qui, sans l'abolition de l'esprit de guerre et la confiance mutuelle, ne peut que flatter aimablement l'imagination... Peut-être est-il peu prudent de bêler éperdument la paix devant les loups ».

La question de la rupture des relations diplomatiques avec l'U. R. S. S ayant été posée, *Le Quotidien* se range aux côtés de *L'Humanité.* La feuille communiste s'élève contre l' « audace bien grande » de *L'Écho de Paris* et des catholiques qui ont le front de « reprocher aux communistes d'*obéir à une influence étrangère*. Comment ! La Fédération catholique entend imposer

(1) 11 septembre.

à notre pays la politique internationale du Vatican, la même que le pape dirige dans la partie catholique de l'Allemagne et de la Hollande. Les catholiques affichent la prétention de constituer en France un grand parti politique à la mode du *Centrum*, dont les mots d'ordre viennent de Rome... Il convient... de souligner l'impudence des catholiques qui osent reprocher à Moscou sa doctrine d'universalisme et aux communistes français leur discipline envers l'Internationale. Ils ne se sont pas regardés ! Leur nonce a fait en France et sans se cacher la politique du Vatican et il se mêle directement à la politique de notre pays. Il dirige, en fait, au nom du pape, l'armée catholique de Castelnau... Jamais Rakovsky ne s'est permis, ni de près, ni de loin, des interventions de cet ordre dans la politique de notre Parti ». Et « ce n'est pas au nonce qu'on veut donner l'ordre du départ, c'est au représentant des Soviets... » (1) *L'Humanité* revient quelques jours plus tard (2) sur cette question dans un entrefilet intitulé « Si nous parlions un peu du nonce », où elle cite Georges Ponsot : « J'ai sou-

(1) *L'Humanité*, 14 septembre 1927.
(2) 17 septembre.

venance que certain nonce du pape s'était mêlé de ce qui ne le regardait pas; je veux dire qu'il mettait la main à la pâte dans notre politique intérieure. On le prit sur le fait. Lui donna-t-on sur les doigts ?... » *Le Quotidien* fait même campagne. Il assure qu'en Italie « le fascisme s'entend à merveille avec le Vatican..., l'État et l'Église sont unis dans une sorte de Sainte Alliance » (1). *Le Quotidien* exulte lorsque le gouvernement français s'est enfin refusé à rompre ses relations avec la Russie rouge : « La réaction, écrit Pierre Bertrand (2), qui a poussé de si hauts cris, n'a pas été entendue... Sur tous les points, le bon sens l'emporte... Le gouvernement français... a fait, en l'espèce, ce que la démocratie attendait de lui ». Il garde l'ambassadeur des Soviets et le nonce, parce que l'un et l'autre servent sa politique. « Les adversaires des Soviets... ne se souciaient pas, en réalité, du renvoi de l'ambassadeur : ils voulaient le rétablissement du fil barbelé » entre la France et la Russie; « le gouvernement de M. Poincaré s'y est, fort heu-

(1) *Le Quotidien*, 16 septembre.
(2) « Notre politique, France et Russie ». Dans *Le Quotidien*, 18 septembre 1927.

reusement, opposé » (1). *Le Matin* (2) lui-même éprouve le besoin de se laver du soupçon d'avoir voulu une rupture : « Rappelons que, pour notre part, nous n'avons pas demandé cette rupture; nous avons borné notre demande à ce que les relations soient d'honnêtes relations assurées, des deux côtés, par d'honnêtes gens ».

Le Quotidien manifeste parfois son esprit irréligieux. Dans sa « Chronique de l'enseignement », par exemple, il s'écrie : « Défendons l'école laïque » contre « la recrudescence de l'offensive cléricale » dont cette école est l'objet (3). Il insère d'amples annonces, en grands caractères, en faveur de livres hostiles au catholicisme : « La vieille question du célibat des prêtres ! Pour paraître prochainement : *Le douloureux débat. Les prêtres et le mariage.* Par Paul Louis Couchoud » (4). Quelques jours auparavant, Bayet utilisait la *Primauté du spirituel,* de Maritain, pour dénoncer une nouvelle offensive de l'obscurantisme médiéval contre l'éman-

(1) *Le Quotidien*, 25 septembre 1927.
(2) *Le Matin*, 14 septembre 1927.
(3) *Le Quotidien*, 21 septembre 1927.
(4) *Id.*, 17 septembre.

cipation de l'homme par l'esprit de la Renaissance et de la Science.

L'anticatholicisme constitue la substance même de toute la politique de la IIIe République : il a assuré sa fortune en dépit sinon en raison même de la stratégie du ralliement. Mais il n'alimente que très discrètement, depuis la guerre, les polémiques des journaux porteurs de tout le venin du régime, qui pratique, à de certaines périodes, avec une hypocrite prudence dont il a déjà donné les preuves, la tactique des griffes rentrées, du gros dos et du museau enfariné et ronronnant.

« Ni plier, ni rompre », écrit Téry dans *L'Œuvre* (1), à propos des relations diplomatiques franco-russes et de la proposition des Soviets de reconnaître la Dette du Tsarisme si nous leur consentons un prêt d'argent. Il estime qu'il faut garder l'ambassade et en accepter les propositions, puis il conclut : « N'est-il pas temps de donner un petit coup de barre à gauche ? » Le maintien des relations une fois décidé par le gouvernement, *L'Œuvre* (2) imprime : « Moscou

(1) 17 septembre 1927.
(2) 19 septembre.

se félicite que le bon sens ait triomphé ». Elle multiplie les affirmations optimistes que lui dicte son pacifisme échevelé et que lui inspire l'activité de la Société des Nations : « L'Angleterre se rallie à la proposition polonaise décrétant la guerre hors la loi ». Et l'on voit s'étaler en manchette : « Oui, la guerre hors la loi » (1). En manchette encore, cette déclaration du Grec Politis (Croyez donc aux Grecs !) : « On fait, à Genève, le diagnostic de la paix » (2). Toujours en manchette, le *Credo* de Briand : « Je crois à la paix » (3) (Ah ! le bon billet...). Le lendemain, récidive de manchette et d'acte de foi de Briand : « Il faut dire : J'ai foi que cela aura lieu et je persévérerai jusqu'à ce que cela ait lieu »; avec, en première page, ce titre d'article, ample, obsédant, hallucinant : « M. Aristide Briand et Sir Austen Chamberlain exaltent l'œuvre accomplie par la Société des Nations et affirment leur foi en son avenir »; et, en troisième page : « A l'assemblée de Genève : Tous vers la paix par l'arbitrage, dit M. Aristide Briand. La Société des Na-

(1) 8 septembre 1927.
(2) 9 septembre.
(3) 10 septembre.

tions est le plus haut tribunal du monde, dit Sir Austen Chamberlain » (1). Puis, c'est l'autorité de Paul Boncour qui est invoquée, en manchette : « Les nations vont dans le sens de l'histoire et elles écoutent la voix des morts qui sont tombés pour que la guerre dernière soit la dernière des guerres. — Paul Boncour »; et, en titre de la troisième page : « M. Paul Boncour rappelle à la Société des Nations l'obligation où elle est d'organiser le désarmement » (2). Le même personnage prononce-t-il, en France, au cours de la campagne électorale de 1928, un discours sur ce même sujet, *L'Œuvre* proclame qu' « on ne saurait mieux poser le problème » : la paix, c'est « la solution des conflits... par l'arbitrage généralisé » de la Société des Nations; « le recours à l'arbitrage doit permettre la limitation des armements et, à la limite idéale, le désarmement » (3). A la voix des sirènes, au son des violes et des hautbois, les innocents, bercés par ces accents si doux qui les enchantent, se laissent conduire,

(1) 11 septembre.
(2) 14 septembre.
(3) 20 mars 1928.

par le désarmement moral et matériel, aux pires carnages.

Pendant que guerres et révolutions se préparent, *Le Petit Parisien* conte fleurette à ses 700.000 lecteurs. Les trois premières colonnes de la première page d'un de ses numéros [1] sont consacrées à un match sportif. Nous lisons, en grandes lettres : « Paris-Strasbourg à la marche. — Linder encore vainqueur. — 504 kilomètres en 72 heures, 1 minute, 2 secondes. — Il a battu de près de sept heures son record de l'an dernier... » etc. Les colonnes suivantes sont affectées à « la conférence navale : Washington n'admet pas les propositions britanniques dans leur teneur actuelle »; aux « ambitions du prince Carol »; à la traversée en avion Paris-New-York; à un procès d'accident d'automobile; à la mort de Robert de Flers; avec illustrations : les coureurs Paris-Strasbourg, les portraits du prince Carol, de M. Horatio Bottomley, de Robert de Flers et d'une paysanne blésoise déposant en plein air sur l'accident d'auto dont elle fut témoin. Vraiment, en ce siècle des grandes infor-

(1) 31 juillet 1927.

mations et avec ces journaux si admirablement documentés par reportage, télégraphe, téléphone et sans-fil, le grand public est merveilleusement tenu à l'écart des grands événements dont dépendent ses biens, sa sécurité, son existence ! Il ignore, au jour le jour, tout ce qui se passe d'important et tout ce qui se prépare de grave dans son pays et dans l'univers ! Avouons-le : jamais il n'a été, à ce point, trompé, bafoué; jamais la dissimulation et le mensonge n'ont été si merveilleusement organisés.

Il faut cependant reconnaître, pour être juste, qu'il arrive parfois au *Petit Parisien* de traiter, même en première page, de sujets plus sérieux que ne l'est la marche Paris-Strasbourg. Ainsi, un lundi (1), à propos de sports nautiques, il publie un article intitulé « La fête de l'eau », préparant ainsi la conscience populaire à accepter inconsciemment un nouveau culte naturaliste destiné à remplacer progressivement dans les mœurs, puis les idées, puis les croyances, le culte du surnaturel. *Le Petit Parisien* traite également de questions autres que les problèmes

(1) 22 août 1927.

sportifs : toute une série d'articles de première page se succèdent sous le titre « La Chine s'éveille-t-elle ? » (1). Comme si la Chine avait jamais dormi ! Ce journal « modéré » est pitoyable.

Ces brefs coups de sonde dans la presse « populaire » nous permettent de nous rendre compte de la façon dont on fabrique, en démocratie, suivant les besoins de l'oligarchie occulte, l'opinion — la grande aveugle ! Ce système de direction anonyme et même secrète, par prétéritions, adultérations, escobarderies, sollicitations, mensonges, calomnies, chantages et violences, tente certains néo-démagogues, pâles, tardifs et maladroits imitateurs d'un système déjà usé pour avoir trop servi à faire un mal dont beaucoup voient la cause depuis que tous en ont souffert.

... Pendant qu'à ma pension je mange une côte de veau aux petits oignons, passe sur la chaussée, poussée par un jeune garçon, une petite voiture à bras chargée de journaux invendus dont elle porte, sur plaques de métal, les noms :

(1) Par exemple, les 22 et 29 août, le 7 septembre, etc.

Petit Parisien, *Quotidien*. *Humanité*. Ces trois journaux dans la même brouette, c'est plus qu'un symbole : une réalité. Travaillons à les charger sur la même charrette, la dernière. C'est une œuvre de salubrité et même de salut public.

§ 2. — *Les meetings et manifestations.*

Deux conférences communistes, annoncées par *L'Humanité*, devaient être données à Boulogne, dans la salle des fêtes de la mairie. Elles n'ont pas eu lieu. Je m'y suis rendu : il y avait une douzaine d'auditeurs pour la première, un seul pour la seconde et aucun orateur ni pour l'une ni pour l'autre n'est venu. Il existe, à Boulogne, une coopérative communiste, *L'Avenir*, dont le local contient, outre le magasin de vente, une salle de conférences avec scène de théâtre. Une conférence devait y être donnée : une heure après l'heure annoncée, vingt personnes seulement étaient présentes. Un des jeunes gens du comité disait : « C'est parce que nous avons choisi le samedi soir. C'est une erreur : le samedi, on ne peut pas avoir du monde. Les cinémas les attirent... » La vraie raison de ces échecs est que les communistes, se sachant surveillés dans les localités suburbaines par les patrons et facilement identifiés, s'abstiennent d'assister à ces réunions. Lorsqu'ils veulent prendre part à une manifestation révolutionnaire, ils se mêlent à la foule anonyme des grandes réunions organisées pour Paris et la banlieue, soit dans les vastes salles de la capitale, soit dans les importants meetings tenus en plein air sous ses murs.

Au cours de l'été 1927, ces démonstrations communistes se sont succédées sans arrêt, appuyées par une campagne de presse intense et réunissant, sur un mot d'ordre de *L'Humanité*, en un point quelconque de Paris et de la banlieue, entre sept mille et soixante-dix mille manifestants.

Le dimanche 31 juillet, une imposante « Fête communiste » est organisée par *L'Humanité* dans les bois de Garches. Une multitude de familles s'y sont rendues déjeuner sur l'herbe ; leur foule s'est ensuite accrue des milliers d'hommes et jeunes gens qui sont venus y passer l'après-midi. A deux heures, dans la vaste clairière chauffée par un soleil ardent, le rouge des tentures et des drapeaux éclate plus violemment par contraste avec la verdure des arbres, des taillis et des prés. Des groupes d'hommes, de femmes, de jeunes gens et de jeunes filles, d'adolescents et de familles sont étendus à l'ombre près des reliefs du repas; d'autres jouent ou dansent sur la prairie de la clairière ou à l'ombre des futaies. Des parties de foot-ball s'organisent des farandoles joyeuses se déploient; un orchestre se fait entendre par instants; dans un coin, au centre d'un cercle épais de curieux, des Algériens se livrent à leur lubrique danse du ventre. Des brochures révolutionnaires sont offertes, étalées sur la table d'une librairie en plein air; sur une draperie rouge, sont exposées des caricatures de capitalistes, de prêtres et de soldats; bourgeois, curés, généraux, gendarmes, fournissent les sujets d'un jeu de massacre où une foule d'amateurs viennent se faire la main; des registres recueillent des signatures antimilitaristes. De temps à autre, les accents de l'*Internationale* s'élèvent et la multitude, en chœur, en entonne le refrain. Un poste de secours avec ambulance est établi à une extrémité de l'immense campement où le service d'ordre, surtout aux issues, est assuré par les Gardes-Rouges, en uniforme kaki, tunique militaire, culotte et molletières, haut ceinturon de cuir fauve, béret bleu avec, au-dessus du front, écusson à l'étoile rouge des Soviets et, sur le côté, écusson portant le numéro de la centurie; enfin, une solide trique en main. Pour la première fois, nous voyons une petite fraction de l'armée Rouge s'employer officiellement et publiquement à l'exercice de sa souveraineté usurpée. Les armes sont restées dans leurs dépôts secrets. Mais déjà la Horde campe aux portes de Paris. Et voici qu'éclatent des clameurs : une bande de cinquante ou soixante jeunes Juifs et jeunes Juives, agitant un drapeau rouge, parcourent la clairière en criant, avec un fort accent étranger : « A bas la guerre ! »

Il pouvait y avoir là plus de 20.000 personnes. Mais, à partir de trois heures, ce nombre a dû doubler, car le service spécial de trains et d'autobus organisé pour toute la journée s'est mis à déverser une foule compacte d'hommes et de jeunes gens qui, de la gare de Garches, se dirigeaient à pleins chemins sur le lieu de la fête.

Le lendemain, *L'Humanité* parlera, sans excès, des dizaines de milliers de manifestants qu'avait réunis la fête révolutionnaire de Garches.

Le jeudi suivant, 4 août, un grand meeting communiste se tient à huit heures et demie du soir à Paris, au Cirque d'hiver.

A l'heure dite, des masses imposantes de police sont disposées aux abords immédiats de l'édifice. A l'intérieur, l'immense salle est comble : le quart de l'assistance est formé de femmes et d'adolescents. La chaleur est suffocante : la plupart des hommes quittent veste et gilet. De nombreux Gardes-Rouges sont groupés aux portes, dans les couloirs et autour de la tribune. En arrière de celle-ci, je revois le vieux fanatique de la Bellevilloise (1) dont le profil et la barbe de patriarche émergent de son ample cache-nez rouge et de sa chemise rouge sang. Pendant les discours, il lèvera le bras comme pour commander les applaudissements, applaudira avec frénésie et ne manifestera pas moins de surexcitation qu'il y a quatre ans : son ardeur révolutionnaire ne vieillit pas.

Avant l'ouverture de la séance, plusieurs ouvriers assis derrière moi se répandent en propos violents contre la C. G. T. Le bureau se garnit, les orateurs défilent : l'assistance se montre plus

(1) V. *De la Popinqu'à Ménilmuch'*, p. 191.

qu'enthousiaste, véritablement fanatisée; des applaudissements furieux saluent les divers discours dont le vide pitoyable est traversé d'incessants : « Camarades ! Sacco et Vanzetti... Sauvez-les de la chaise d'*électrocution* !... Lundi, grève de protestation de vingt-quatre heures... Dictature du prolétariat... » et d'invectives contre Jouhaux et les cégétistes réformistes : « Toujours attendre !... Non ! la classe ouvrière doit agir sans retard pour établir sa dictature !... » Au début de la séance et, à plusieurs reprises, au cours des manifestations oratoires, le public se lève, se découvre et entonne le refrain de l'*Internationale;* ou bien les cris de : « Amnistie ! Amnistie ! » éclatent de toutes parts.

Un orateur se plaint de Citroën qui ferme ses ateliers pendant dix jours. (Mais s'il n'y a plus de commandes ? N'en manquera-t-il jamais en régime communiste ? Si les fortunes privées sont volées par l'État, qui donc pourra désormais acheter une auto ?) Il ajoute : « Dans l'industrie moderne, il n'y a, à côté d'une poignée d'ouvriers spécialistes dont le patron ne peut se passer, qu'une multitude de manœuvres spécialisés qu'il peut mettre à la porte du jour au lendemain... » (Nous en revenons donc toujours au fait de la précarité de la vie ouvrière comme étant la caractéristique essentielle du régime libéral : mais l'organisation corporative de la profession y porterait remède. Quant au communisme, comment pourrait-il ne pas tenir compte des exigences techniques de la grande production qui ne saurait se passer ni d'un petit nombre de spécialistes, ni d'un nombre considérable de manœuvres spécialisés ?)

La foule qui emplit le cirque est une foule ordonnée, disciplinée et passionnée, sous pression, prête à marcher. Quelle rage on éprouve à songer à l'imbécile torpeur des optimistes et, pis que cela, aux niais remèdes d'apothicaire, aux tisanes roses que s'essaient à composer et offrir les tenants d'une démocratie verbeuse ! Ces somnambules, qui s'efforcent d'entraîner sur le bord des toits leurs petits groupes d'abusés, trahissent la cause de l'ordre social et de la civilisation. Nous avons déjà vu, à la veille de 89, aux premiers rangs pour tromper la nation, ces illuminés du clergé, de la noblesse, de l'élite intellectuelle et du Tiers — lamentables marchands d'orviétan par qui la France a failli périr !...

Le samedi 20 août, à 8 h. 30, un grand meeting en faveur de Sacco et Vanzetti se tient à la Maison des Syndicats, rue de la Grange-aux-Belles.

Comme, en m'y rendant, je traverse la place de la République, mon attention est attirée par l'attroupement qu'une affiche apposée sur une palissade provoque. Le syndicat des entrepreneurs de travaux souterrains de la Ville de Paris et du département de la Seine annonce au public, qu'il paie 42 francs ses ouvriers pour sept heures trente de travail et que, cependant, l'avant-veille, avenue d'Italie, sur les chantiers du métropolitain, des troubles violents et bagarres présentant un caractère nettement révolutionnaire avaient éclaté grâce à la mobilisation soudaine et l'envoi sur les lieux de 1.200 révolutionnaires dirigés par un état-major pourvu d'ambulances automobiles et d'un service médical. Telle est la redoutable organisation bolchevique française toute prête à tirer les dernières conséquences des principes jacobins de la IIIe République en lui substituant la IVe République imitée du modèle russe, fils de la Révolution dite française de 89-93.

Rue de la Grange-aux-Belles, l'entrée de l'impasse de la Maison syndicale unitaire est surveillée par des Gardes-Rouges en béret, face aux agents de la police officielle massés sur le trottoir opposé. Depuis quatre ans, l'état d'esprit de ce public révolutionnaire s'est modifié : lorsque, étudiant les quartiers de Popincourt et de Ménilmontant (1), je venais à la Grange-aux-Belles, je pouvais, sans exciter la méfiance, sans même retenir l'attention de mes voisins, griffonner quelques notes. Ce soir, je m'en garde bien; je me tiens sur la plus extrême réserve : tous les entrants sont dévisagés et analysés par des « camarades » assis sur les côtés de la salle; chacun se sent épié par son voisin; les méthodes de Moscou ont marqué leur empreinte sur le caractère français, souple, malléable, assimilateur; nos ouvriers ont perdu leur allure franche et bruyante pour adopter une attitude silencieuse et soupçonneuse. La salle n'est pas seulement noyautée par une police rouge secrète; elle est également garnie, aux points stratégiques — près des portes, sur les flancs, autour de la tribune — de groupes de Gardes-Rouges : ils ont gardé leurs vêtements des jours de travail, mais coiffé le

(1) V. *De la Popinqu'à Ménimulch.*

béret bleu étoilé de rouge et ils tiennent leur matraque au poing.

La séance s'ouvre, à neuf heures, par le chant de l'*Internationale*. Toute l'assistance se lève et se découvre. Les soldats Rouges s'immobilisent au garde-à-vous et saluent militairement à la mode soviétique, c'est-à-dire le poing fermé à la hauteur et à une petite distance de l'œil droit.

Les orateurs se succèdent. Le représentant du Parti communiste proclame Sacco et Vanzetti symboles de la classe ouvrière opprimée. Un anarchiste chevelu, petit, maigre, les épaules carrées et hautes portant un visage glabre, anguleux et dur, encadré par la masse des cheveux, parle avec passion, d'une voix pointue et fatiguée. Toute pensée est absente des phrases qu'il dévide. Ainsi ressemble-t-il à celui qui l'a précédé et ressemblera-t-il à ceux qui le suivront. Il exagère leur mimique, qui est de serrer les poings et de les tendre vers l'auditoire. L'éloquence communiste ne comporte plus, comme il y a quatre ans (1), le geste du sonneur, mais le poing crispé et menaçant : cet anarchiste hirsute use et abuse de la mimique du poing tendu,

(1) V. *La Popinque*, p. 179, 186, 190, 191.

qui est tout un état d'âme et tout un programme social. Comme les autres orateurs, il truffe de « Camarades ! » et de « Sacco et Vanzetti », à satiété, son pauvre discours, l'animant toutefois d'une véhémence de ton et d'une agitation passionnée qui provoquent les faciles applaudissements d'une salle venue pour applaudir.

Le représentant des Syndicats Communistes de la Seine monte à son tour à la tribune et répète en termes semblables ce qu'ont dit les deux autres orateurs. Le représentant des Jeunesses communistes proclame que « la justice, c'est, ou bien un mot vide, ou bien la lutte de classe elle-même pour la victoire et la dictature ouvrières dans le régime socialiste enfin réalisé intégralement, où nul ne sera plus exploité !... Pas de pitié pour nos adversaires et que la Révolution, même sanglante, s'accomplisse ! » Un tonnerre d'applaudissements salue cette péroraison.

Mais l'enthousiasme redouble à l'annonce du délégué allemand. Lorsqu'il apparaît à la tribune, toute la salle se lève, se découvre et entonne l'*Internationale*. Les Soldats Rouges se mettent au garde-à-vous et font le salut militaire soviétique. Ces internationalistes ont vraiment une patrie, qui est allemande. Le Boche — un homme d'une trentaine d'années, menton et crâne rasés — fait en esperanto une brève déclaration, aussitôt traduite à la foule délirante. Les auditeurs étaient des ouvriers en vêtements des jours de travail, en chemise de fin de semaine, des jeunes gens et pas mal de femmes. Des vendeurs offraient *L'Avant-Garde;* d'autres, un journal yidish : la Juiverie noyaute le Parti Communiste universel et le commandite; elle en constitue le « cercle intérieur », le grand ressort caché, et poursuit la réalisation de son rêve talmudique d'impérialisme mondial.

Le dimanche 21 août, un grand meeting en faveur de Sacco et Vanzetti se tient en plein air, au Pré-Saint-Gervais, sur les glacis des fortifications.

Depuis le matin, une pluie fine, abondante, persistante, continue, noie Paris et la banlieue. Cependant, dès deux heures de l'après-midi, le métro regorge de manifestants et de Gardes-Rouges. Le boulevard Serrurier, lieu de rassemblement des forces révolutionnaires, est pourvu d'un poste d'ambulance communiste; les groupes se forment, parapluies ouverts, et grossissent rapidement. A trois heures, le défilé commence. Précédés des « Pupilles communistes », les Gardes-Rouges et les Jeunes-Gardes, soit en vêtements civils avec le béret étoilé et la matraque, soit en tenue militaire complète, s'avancent au pas cadencé pour occuper les positions qui leur ont été assignées : ils s'échelonnent tout le long du parcours prévu pour le cortège; tous les cinquante pas, un Garde-Rouge se place sur le trottoir, de planton, face à la chaussée; un groupe s'installe sur le terrain du meeting; un autre groupe, aux fortifications, à la porte même de Paris, monte la faction sur un trottoir, face à celui que les policiers officiels, en civil et en uniforme, occupent. Ces dispositions stratégiques une fois prises par le service d'ordre, alors, drapeaux rouges déployés, insignes bolcheviks à la boutonnière, hérissés de pancartes « Sauvez Sacco et Vanzetti », 15.000 manifestants, hommes de tout âge, femmes, enfants, en casquette ou chapeau, ouvriers, employés, petits bourgeois, défilent aux cris de « Amnistie ! » et au chant de l'*Internationale*.

Cette foule s'assemble autour de trois tribunes dressées au lieu dénommé la « Butte rouge », ample glacis que cernent, lamentables sous ce ciel noyé, les petits jardins et les bicoques de la « zone », quelques usines, quelques arbres; la plaine de Saint-Denis disparaît sous les brumes; on se croirait en novembre, à la fin de l'année, au terme des joies terrestres, lorsque le temps lui-même semble devoir mourir. Mains fermées, poings tendus, les orateurs tonitruent : « Sacco et Vanzetti... Sacco et Vanzetti... Si l'*American Legion* vient dans Paris, manifestez contre ces fascistes !... »

Le vendredi suivant, 26 août, à huit heures et demie du soir, c'est, rue de la Grange-aux-Belles, le meeting d'ouverture de la « Semaine internationale des Jeunes communistes ».

La salle est remplie d'un public en majorité composé de jeunes gens dont beaucoup appartiennent aux Jeunes Gardes-Rouges et en ont revêtu l'uniforme. Dans l'assistance, un homme d'une quarantaine d'années interpelle son voisin, un ouvrier à cheveux blancs : « Eh bien ! grand-père ! [1] Voilà la France nouvelle ! Rien que des jeunes !... Et il faut voir la qualité plus

(1) Terme sous lequel, dans le monde ouvrier, on désigne couramment les camarades âgés.

que le nombre !... Ah ! avec la marche des événements, il faudra bien y venir !... » (à la Révolution). — Et l'on y viendra facilement avec cette jeunesse dont on débride tous les bas instincts et à qui l'on promet toutes les joies terrestres.

Un jeune homme monte à la tribune et propose les noms des membres du bureau : « Pas d'opposition ? » Une dizaine de voix crient : « Non ! » Et le bureau est nommé, sort de la coulisse, s'installe. Voilà comment on le compose et on l'impose en régime démocratique. L'élection n'est qu'un simulacre. Tout est préparé et décidé en petit comité, derrière les portants du théâtre. Une oligarchie secrète, qui s'est intronisée elle-même, mène tout. Le bon peuple subit ce qu'il croit décider. Et le tour est joué. Anonymat, coup de surprise masquant le coup de force, et Démos, berné, s'incline devant le fait accompli. Toutes les usurpations sont possibles dans une pareille constitution où tout est illusion, trompe-l'œil, escroquerie et abus de confiance.

Le jeune président du bureau dirige les débats avec beaucoup d'autorité et d'expérience. Il est doué d'une belle voix grave. La phrase est nette et bien venue.

Le premier orateur appartient à la Jeunesse communiste française. Sa diction est parfaite : il accentue les finales à la manière de ceux qui ont pris de bonnes leçons de diction; il a certainement été dressé à excellente école. Il insiste sur le caractère essentiellement anti-militariste de la Jeunesse internationaliste. Aucun auditeur ne s'étonne d'une aussi audacieuse affirmation, contredite par la pratique d'un Parti qui militarise ses membres, surtout les jeunes, en les mobilisant dans l'armée Rouge et pour la Révolution universelle. Rien de plus conforme aux principes, à l'esprit, aux actes, à la tradition de la Révolution dite française : « patriote » signifiait alors humanitariste et c'est au nom des doctrines humanitaires et de la fraternité universelle que l'Europe fut dévastée par près de vingt-cinq ans de « grande guerre ».

Un délégué de la Jeunesse italienne lui succède, parle un peu en français et beaucoup en italien, ce qui lui vaut davantage encore d'applaudissements. Les auditeurs pourraient dire avec raison : « Tout ce qui est étranger est nôtre. Tout ce qui est français nous est étranger ». Ils ne sont pas internationalistes : ils sont anti-Français.

Puis, surgit un représentant du Parti communiste, homme d'une cinquantaine d'années, qui s'exprime avec éloquence et autorité, soulignant sa pensée par un accent de farouche énergie : « ... Le temps n'est plus où, nous disions aux jeunes soldats de déserter ! Non ! Nous leur disons maintenant : Entrez dans l'armée, mais pour vous y livrer à la propagande et ainsi la conquérir au communisme ! On ne fait pas de Révolution contre l'armée : c'est avec l'armée qu'on réussit la Révolution ! Le temps du romantisme révolutionnaire est passé. Nous vaincrons par la violence le capitalisme et nous l'abattrons, que ce soit le capitalisme national ou que ce soit le capitalisme international !... » Ce mot — capitalisme — est répété à satiété et, chaque fois, il provoque des crépitements d'applaudissements.

Un délégué de la Jeunesse autrichienne prend à son tour la parole : il prononce son discours en allemand. Les orateurs se succèdent et, à chaque délégué étranger, la salle, debout, fait une ovation en entonnant le refrain de l'*Interna-*

tionale. Un grand enthousiasme soulève toute cette masse de partisans fanatisés, prêts à tenter la grande aventure. Le gouvernement républicain, né dans la boue et dans le sang, fondé sur les mêmes principes, ne peut que fermer les yeux sur les agissements révolutionnaires. Par sa complicité, le péril d'une Révolution intégrale est né, a grandi et s'accroît tous les jours au point de devenir imminent.

Pour le samedi 3 septembre, plus de vingt meetings sont annoncés. Ils se tiendront dans la banlieue pour protester contre la mise de Marty au régime des prisonniers de droit commun.

Le lendemain, dimanche, une grande manifestation se déroule à travers Saint-Denis pour la clôture de la 13e semaine internationale des Jeunes et pour réclamer en faveur de Marty le régime des prisonniers politiques. Une pluie fine, abondante, pénétrante, n'a pas calmé le zèle des manifestants : ils défileront par milliers entre deux haies de curieux sympathiques. Devant l'antique abbaye, nécropole des rois qui ont fait la France, l'Hôtel de Ville se dresse : quatre hauts mâts font flotter très haut des bannières rouges. La municipalité, tête nue, prend place sur une estrade que domine le portrait de Lénine — tête de sombre brute, de bourreau sanguinaire, de dément homicide — le Gengis-Khan moderne, le Tamerlan contemporain. Pendant vingt minutes, la horde communiste défile, braillant l'*Internationale* ou scandant, sur le rythme des lampions le mot : « Amnistie ! Amnistie ! » Des sections de Jeunes Gardes-Rouges saluent l'effigie immonde de leur poing droit dressé à hauteur des yeux et passent au pas cadencé, la trique pointée vers le sol. Une soixantaine d'enfants, garçons et fillettes, les « Pionniers rouges » — Scouts communistes — défilent, hurlant au milieu des applaudissements, de leurs voix inconscientes, l'hymne fol et bête. Puis, viennent des groupes sportifs, une troupe de jeunes filles portant un mouchoir rouge en bandeau sur le front, suivant l'usage juif, et des bandes d'hommes, de femmes, dans le désordre et le débraillé des jours sinistres où l'émeute, maîtresse du pavé, fait loi. Leurs chants en crient l'espérance :

« *Nous sommes la Jeune Garde,*
Nous sommes les gars de l'avenir.

....

Oui, nous saurons vaincre ou mourir

....

Tant pis si notre sang arrose
Les pavés sur notre chemin.
Enfants de la misère,
De forc'nous somm's les révoltés.

....

Demain, nous prendrons les usines.
Nous somm's des hommes et non des chiens.

.... »

Et, au refrain, tous clament :

« *Prenez garde ! Prenez garde !*
Vous les sabreurs, les bourgeois, les gavés.
V'là la Jeun'Garde
V'là la Jeun'Garde
Qui descend sur le pavé.
C'est la lutte finale qui commence,
C'est la revanche de tous les meurt-de-faim.
C'est la Révolution qui s'avance,
C'est la bataille contre les coquins.
Prenez garde ! Prenez garde !
V'là la Jeune Garde ! »

Les pauvres gens ! De quelle abominable

mystification ne sont-ils pas les victimes ! C'est la rage au cœur qu'on assiste à ce défilé d'une foule abusée, qui a soif de justice et ne se doute pas du sort affreux qu'elle se prépare. Ce spectacle écœurant, voilà le fruit de cinquante ans de République.

La manifestation communiste de Clichy contre la Légion américaine, c'est encore un œuf pondu par la République française, par les opportuno-radicaux et les chefs des modérés depuis Gambetta et Spüller jusqu'à Waldeck et Poincaré. Le lundi 19 septembre, jour du défilé de l'*American Legion* à travers Paris, le « Parti » mobilise ses amis à Clichy en manière de protestation. Le défilé dure 55 minutes. Je puis évaluer au moins à 15.000 le nombre des manifestants qui y prennent part. Sur tout le parcours, aux fenêtres et sur les trottoirs, se presse une foule sympathique, quatre fois plus nombreuse; beaucoup ornent leur veston d'insignes soviétiques. A côté de moi, des ouvriers endimanchés expriment leur joie : « Ah ! ce sont des hommes !... Ce n'est plus comme les manifestations d'autrefois, qui n'étaient qu'une simple promenade ! Il s'agit de savoir, cette fois, si on sautera l'obstacle !... Pas un de ces types-là ne reculera ! Ils sont prêts... Hein ? le gouvernement ? il n'a pas osé renvoyer l'ambassadeur des Soviets !... C'est à Briand qu'on doit ça. Il est intervenu à temps. Il a la manière. Il sait préparer les étapes. C'est un homme de gouvernement... »

« ... *Prenez garde ! Prenez garde !*

....

V'là la Jeune Garde

....

Qui descend sur le pavé !

.... »

...La foule, derrière ses drapeaux rouges, coule à pleine rue : au son des musiques, au chant des Jeunes-Gardes, aux refrains de l'*Internationale* et de la *Carmagnole* affirmant la filiation des nouveaux Jacobins avec les « Grands Ancêtres » et aux cris scandés de « Lé-gi-on, as-sas-sins ! » de « A bas Fuller ! » (1) et de « Vive Sacco et Vanzetti ! » (2)...

(1) Le juge qui condamna Sacco et Vanzetti.
(2) Ils étaient électrocutés.

« ... *Debout ! les damnés de la terre !*
Debout ! les forçats de la faim !

....

C'est la lutte finale,
Groupons-nous et demain
L'Internationale
Sera le genre humain !

.... »

Mais, déjà, d'autres voix s'élèvent, qui semblent venir des jours sanglants de la première Terreur, pâle image de la nouvelle que cette foule prépare :

« *Dansons la Carmagnole !*
Vive le son !
Vive le son !
Dansons la Carmagnole !
Vive le son
Du canon !
...Binet-Valmeyr commande
Plus d'une ligue de combat.
Pour le mettre à raison,
Y a la rue Damrémont
Et les combattants rouges.

Dansons la Carmagnole !
Vive le son !

....

....

Les bourgeois derrière leurs rideaux
Ont senti le froid dans leur dos.
Ils ont vu nos amis
Défiler dans Paris
Criant : Vive la Commune !
Dansons la Carmagnole !
Vive le son !
Vive le son !
Dansons la Carmagnole !
Vive le son
Du canon !

.... »

Ils passent, les uns joyeux, avec entrain, les yeux brillants, les autres graves, droits, raidis et emportés dans leur rêve intérieur. C'est une fresque mouvante qui se déroule, un film de marche à l'abîme. C'est un flot de jeunes gens, d'ouvriers en tenue de travail ou bien endimanchés, d'hommes et de femmes de tout âge, en casquette, en chapeau, en cheveux, une tribu en marche vers le pillage, le viol, le meurtre et l'incendie, qui croient — les malheureux ! — aider à établir sur terre le paradis éblouissant que les pauvres êtres humains, les salariés d'usines, ont entrevu dans leurs rêveries fumeuses des réunions publiques et des cabarets : fous, menés par d'autres fous et par d'effroyables bandits !

CONCLUSION

I. — *Progrès généraux du communisme.*

II. — *Diverses constatations particulières et divers problèmes particuliers.*

III. — *Quelques problèmes généraux.*

IV. — *Un enseignement de l'histoire.*

V. — *La sape avant l'assaut violent ou légal.*

VI. — *Le salut par le Roi.*

I. — Depuis trois ans, le communisme a réalisé des progrès importants, non seulement parmi les ouvriers au détriment des socialistes cégétistes, mais aussi dans les milieux ruraux et commerçants. Sans doute paysans et boutiquiers sont-ils loin de se faire une idée exacte du régime

à l'avènement duquel ils se décident à travailler : mais les ouvriers en ont-ils mieux conscience? Combien de communistes se rendent compte du sort qu'ils se préparent ? Cet engouement n'en est que plus redoutable : on ne se l'explique bien qu'en prenant le communisme pour ce qu'il est, la dernière conséquence logique des principes sociaux admis par tous les partisans de la Révolution française et de son héritière, la République, IIIe du nom. Aussi se répand-il dans les campagnes, notamment du Centre et de l'Ouest — dans la vallée du Cher, la Touraine, le pays manceau, le Saumurois, la Bretagne et la Vendée, et aussi dans le Sud-Ouest, dans d'autres provinces encore, où les fermiers et métayers conçoivent l'espoir de supplanter leurs propriétaires et les ouvriers agricoles de se substituer aux fermiers ou métayers qui les emploient. En décembre 1927, des élections ont lieu au tribunal et à la Chambre de commerce de Tours : les communistes présentent pour la première fois des candidats, trois sur quatre sièges à pourvoir et, d'emblée, obtiennent le tiers des voix. On avait fait remarquer à leur comité que, pour être juge, il est indispensable d'avoir de la science et de l'expérience juridiques, de connaître et de suivre une tradition; il fut brutalement répondu : « Nous ne voulons plus de tradition ! Nous voulons des hommes nouveaux ! »

En janvier 1928, les cheminots ont élu les délégués chargés de désigner leurs représentants au Conseil supérieur des chemins de fer. Sur 176 délégués élus, on compte 131 communistes unitaires, qui ont obtenu 152.663 suffrages, contre 45 socialistes cégétistes, qui en ont obtenu 97.305. Par suite, les sept représentants des échelons inférieurs au Conseil supérieur seront communistes (1). Le fait ne manque pas de se produire et *L'Humanité* l'enregistre avec des cris de triomphe : « Les élections au Conseil supérieur des chemins de fer. Une magnifique démonstration de discipline unitaire. Le bloc de 131 délégués fait élire au second tour sept représentants de la C. G. T. U... Ces militants ne seront pas seulement les représentants des cheminots, mais les délégués du monde ouvrier tout entier. Ils sauront... démasquer publiquement toutes les tentatives dirigées contre les travailleurs par les représentants des Réseaux, du gou-

(1) V. *La Vague rouge*, février 1928, p. 8.

vernement et des Chambres de commerce... La Fédération unitaire fera entendre sa voix et celle-ci se répercutera au sein des masses opprimées. Bientôt nous poserons le problème dans toute son ampleur ». Du Conseil supérieur des chemins de fer, « nous démonterons les rouages et les ficelles. Nous dirons comment et pourquoi cet organisme, constitué pour être chargé de la gestion des réseaux, a abdiqué tous ses droits et toutes ses prérogatives aux mains du Comité de direction. Nos camarades seront des observateurs » qui « nous permettront de démontrer toute la malfaisance du capitalisme » [1]. Une tentative démocratique de co-gestion de l'entreprise industrielle tourne aussitôt en entreprise révolutionnaire.

Si, au lieu d'envisager l'important service public des voies ferrées, nous considérons le collège électoral pour la désignation des députés, nous constatons qu'au 11 mai 1924, sur 8.898.000 votants, les communistes ont obtenu dans toute la France 875.000 suffrages et les socialistes seulement 749.600. Dans de petites localités berrichonnes du département du Cher,

(1) *L'Humanité*, 21 mars 1928.

comme Saint-Florent et Saucoins, peuplées de 3.700 et 4.000 habitants et où l'industrie a pénétré, les communistes peuvent compter sur 300 voix dans l'une et 7 à 800 dans l'autre (1). Aux élections municipales partielles de Lens (Nord), le 18 mars 1928, « les socialistes perdent 1.000 suffrages sur 1924 et les communistes ont doublé le chiffre de leurs voix » (2). Dans le seul département de la Seine, sur 895.000 suffrages exprimés, 243.000 ont été donnés aux communistes; et il y a dans la Seine 300.000 ouvriers étrangers prêts à se joindre à eux (3).

Dans ces conditions, il n'est pas surprenant que, travaillant à Issy-les-Moulineaux, à Billancourt et à Paris dans le quartier de La Chapelle, j'aie constaté tout autour de moi de si nombreux symptômes de diffusion du communisme, témoignant des grands progrès qu'il a réalisés depuis 1924. L'atmosphère de la vie ouvrière est imprégnée de son esprit, de ses tendances, si bien que c'est autour de lui, comme d'un noyau

(1) La Vague rouge, février 1928, p. 2-3.
(2) *L'Humanité*, 20 mars 1928.
(3) V. *La Vague rouge*, janvier 1928, p. 8-9 et *Journal des Économistes*, 15 janvier 1928, article « Le Danger communiste et la résistance », p. 72.

central, que toutes les sympathies des salariés, consciemment ou non, tendent à se cristalliser. Les journaux d'usine se multiplient, exerçant les pires ravages. La propagande s'intensifie. Les manifestations révolutionnaires se succèdent sans répit. *L'Humanité* est davantage lue et son esprit beaucoup plus répandu en dehors du cercle de ses lecteurs. Quant à l'organisation révolutionnaire, elle s'est puissamment développée : elle possède des cadres résistants, un état-major actif, des propagandistes nombreux, de l'argent en abondance, une administration, une parfaite unité de commandement et d'action, des partisans disciplinés et enthousiastes, tous ses éléments jeunes et actifs militarisés et mobilisés.

II. — A ces remarques générales, il convient de joindre diverses observations particulières, qui m'ont, au cours de cette étude, plus spécialement frappé.

La grande industrie est soumise à l'application des principes de la taylorisation : travail en série, travail à la chaîne, spécialisation minutieuse. On connaît les reproches que cette pratique a suscités : travail sans joie, mécanisation de l'ouvrier.

On oublie que le travail de manœuvre auquel condamnent les procédés primitifs — manier pelle et pioche, scier, marteler, transporter des fardeaux, etc. — présente les mêmes inconvénients. Il y faudrait cependant revenir si les progrès modernes de l'outillage et de la technique étaient répudiés; et ces procédés primitifs sont plus malpropres et plus fatigants.

Critiquer, c'est bien. Remplacer serait mieux. Mais les procédés critiqués s'imposent à la grande industrie : ils sont nécessaires à la production abondante, à bon marché. Seule, la grande industrie permet de nourrir une population nombreuse, de densité toujours croissante, et de lui assurer de hauts salaires. Quoi qu'on pense de ses procédés de travail, on ne peut éviter d'y recourir.

Mais ces procédés sont améliorables par la culture technique générale des ouvriers, par leur adaptation successive aux diverses spécialisations et par leur interchangeabilité. L'ouvrier n'y consentirait peut-être pas toujours de bonne grâce, car il lui arrive, une fois adapté, de préférer le travail spécialisé qu'il connaît, qu'il fait vite et bien et qui, devenu mécanique, lui laisse sa liberté d'esprit, ou qu'il trouve plus facile ou plus rémunérateur. Du moins, sa culture technique générale et sa connaissance des diverses spécialisations lui permettraient-elles d'éviter les chômages causés par la transformation de la technique entraînant la suppression de certaines spécialisations, ou par les chômages dus à une crise dont une industrie particulière est atteinte. L'essentiel est que l'ouvrier spécialisé ne soit pas un *manœuvre* spécialisé, mais un *professionnel* complet qui se spécialise momentanément tout en demeurant apte à tout ce que son métier comporte d'adaptations diverses.

L'amélioration cherchée ne résultera pas de la seule culture professionnelle, mais de la culture générale et de l'éducation religieuse et morale qui élèvent l'intelligence, forment le caractère, trempent la volonté. C'est là l'œuvre complexe à laquelle collaborent la religion, le corps professionnel reconstitué, l'organisation économique normale de la nation douée d'une constitution politique conforme aux règles de la science et aux exigences de son génie propre.

La nécessité de cette organisation professionnelle, économique et politique, apparaît avec une force singulière au spectacle de la crise industrielle que j'ai observée et dont tant d'ouvriers sont les victimes. Les crises économiques ont, sur la vie ouvrière, des répercussions d'une extrême gravité : les à-coups de la production sèment dans l'existence des ouvriers un désordre inexprimable, la bouleversent, la chavirent, disloquent le foyer et, dilapidant les économies, risquent de dégoûter de l'épargne qui apparaît comme un dur et stérile effort. Mais ces crises économiques nombreuses et répétées ont deux causes : — l'une, d'ordre professionnel, l'inorganisation de l'industrie, son état d'anarchie; — l'autre, d'ordre politique, qui est : la mauvaise organisation de l'État; son incapacité à coordonner les intérêts nationaux, à les ajuster dans l'espace et dans le temps, en raison de son imprévoyance, fruit de sa discontinuité et de son incompétence; sa division contre lui-même et contre la nation en partis; ses luttes de partis; son exploitation parasitaire des ressources publiques et privées; bref, la corruption, la sottise et l'anarchie républicaines.

Le problème de la main-d'œuvre étrangère ne s'est posé chez nous au lendemain de la guerre avec tant d'acuité que parce qu'au lieu de redoubler d'efforts en vue de réparer les ruines de la guerre, les Français ont préféré ne pas tarder à réduire la durée quotidienne du travail; la journée de huit heures est, en principe, nécessaire; à cette époque-là, son application était inopportune. Les conséquences de son introduction intempestive sont innombrables et désastreuses : invasion de la main-d'œuvre étrangère, désertion des campagnes, vie chère, inflation et ses effets aussi variés que redoutables. Mais à quoi l'erreur de l'établissement prématuré de la journée de huit heures — dès la fin de la guerre — est-elle due ? Au régime électif, à la surenchère électorale, aux exigences démagogiques de la Constitution : le mal politique, l'erreur politique engendrent toutes ces erreurs et tous ces maux.

Enfin, j'ai constaté les progrès constants de l'irréligion : l'église désertée, l'incrédulité généralisée, la morale du plaisir fournissant à la volonté sa loi, l'école et l'atelier, le journal, le théâtre et la rue associés dans la même œuvre de corruption, le logis trop exigu, le mariage conclu au hasard, enregistré par habitude et d'autant plus prêt à se rompre qu'il reste trop souvent stérile. Les sentiments populaires irréligieux se manifestent au cinéma qui en devient l'instrument de propagation : ce sont là des faits nouveaux que je n'avais jamais constatés dans les années qui suivirent la conclusion de la paix; en 1924, ils commençaient un peu à réapparaître au Faubourg Saint-Antoine (1). Maintenant, la marée montante de l'athéisme menace de tout submerger. Ce n'est pas en vain que l'école laïque a été imposée : elle devait rendre possible les transformations sociales préméditées. Sur cette assise solide, nos maîtres entreprennent maintenant d'établir l'école unique et le monopole de l'enseignement pour jeter dans le même moule déchristianisateur, avec les classes populaires, les classes moyennes et supérieures. Alors, la socialisation intégrale de la nation française s'effectuera sans résistance possible. La bolchevisation de notre pays aura été réalisée par étapes, à la faveur de l'aveuglement, de l'assoupissement, de l'inconscience de plusieurs

(1) V. *Le Faubourg*, p. 63, 64, 178, 179

générations. Le spectacle que nous offre la Russie rouge, l'ilote ivre, c'est pour nous la réalité de demain, si une réaction intégrale n'en rend pas impossible l'erreur.

En contraste avec toutes ces causes perturbatrices, le fond du caractère de l'ouvrier français reste encore riche de ses qualités naturelles d'intelligence, de travail, d'ordre, de discipline réfléchie, de ses idées de hiérarchie, d'autorité et de compétence dans l'exercice de l'autorité, de son besoin de moralité et d'idéal. Les idées d'ordre et de commandement, de hiérarchie et d'autorité, de compétence dans l'usage du pouvoir, apparaissent spontanément chez l'ouvrier français. Son sentiment si vif de l'égalité n'est que la conscience de la corrélation nécessaire entre l'homme et la fonction, de la nécessité du devoir accompli par chacun, comme de la justice rendue à chacun; c'est aussi cette idée que la communauté de nature entre les hommes interdit de mépriser l'inférieur, d'humilier autrui et surtout les petites gens, les humbles, par la parole, les attitudes ou les actes. Mais l'ouvrier n'admet pas que, chacun se tenant à sa place, tous ne soient pas disposés, comme le veut la nature des choses, sur des plans différents. L'égalitarisme et le démocratisme sont des inventions de politiciens professionnels qui, pour asseoir leur fortune, en ont introduit la trouble image dans l'âme populaire, grâce à l'équivoque des mots et par la culture des sentiments les plus bas. Le riche trésor moral de notre race, fécondé par quinze siècles de christianisme, sauvegardé et accru par la longue suite de nos rois, n'est pas encore dissipé. Mais ce qui en a résisté au gaspillage de plusieurs générations, le mauvais génie auquel la France a maintenant remis ses destins s'acharne à le refouler, à le détruire ou tout au moins à le dériver sur des fantômes.

III. — Les observations recueillies sur la vie ouvrière, au cours de cette enquête, attirent l'attention sur divers problèmes d'ordre général.

La grande industrie a pour effet inévitable d'affaiblir et même de rompre tout lien personnel entre les chefs et les employés, par suite de la complexité des services intérieurs et du caractère administratif qu'ils doivent inévitablement revêtir; et c'est précisément dans la grande industrie que le devoir d'entr'aide mutuelle s'impose plus impérieusement : sa méconnaissance entraîne des conséquences d'une extrême gravité; les troubles sociaux trouvent dans cette rupture de la solidarité sociale leur principale origine. La Révolution devient possible, puis inévitable, lorsque l'élite continue de jouir des avantages de sa situation en cessant de rendre les services qu'on attend d'elle. La bourgeoisie libérale est menacée depuis le jour où le fonctionnement du régime libéral a mis en évidence l'insuffisante protection qu'il accorde aux classes salariées : la profession a le devoir de s'organiser pour prendre en charge ceux qui collaborent à lui procurer des bénéfices et pour assurer la défense efficace de leurs intérêts. D'une façon générale, les principaux bénéficiaires d'un ordre social donné doivent se considérer comme tenus à des devoirs exceptionnels d'assistance envers ceux qui participent au maintien de cet ordre sans en retirer les mêmes profits. A l'obligation d'entr'aide dans le cercle professionnel s'ajoute la même obligation dans le cercle de la société entre les différentes classes qui la composent, ceux qui savent ou qui possèdent étant tenus, dans la mesure même de leur science ou de leur richesse, de venir au secours de leurs frères moins bien partagés. Lorsque les élites perdent la notion de ce devoir professionnel et de ce devoir social, elles dénouent les liens d'amitié, de reconnaissance et de confiance, qui faisaient de toute la nation une grande famille, les graves malentendus naissent, l'équilibre social se rompt, le désordre se répand partout. Il est clair qu'un régime économique qui disloque les groupes sociaux naturels ou oppose les intérêts de classe, suscite mille conflits; qu'un régime politique, qui divise la patrie en partis et vit de leurs querelles, provoque la division, la rend permanente, l'aggrave sans cesse, sème et cultive le désordre. L'influence conjointe des deux régimes, l'économique et le politique, explique la diffusion croissante d'un état d'esprit socialiste dans la classe ouvrière et dans tout le corps de la nation.

L'idée socialiste, l'idée révolutionnaire, l'idée communiste traduisent à des degrés divers le sentiment général de la classe ouvrière. Il n'y est fait que des exceptions individuelles ou bien l'exception plus large de cette minorité flottante, veule, indifférente ou indécise, toujours prête à se rallier à n'importe quoi, dès que cela est : éléments mous, gélatineux, qui, dans la classe ouvrière comme dans la classe bourgeoise, s'abandonnent volontiers à tous les courants, où qu'ils coulent, même les pires. Et il n'en peut être autrement dans un pays où se propagent depuis plus d'un siècle les idées jacobines, où, depuis cinquante ans, se déroulent les conséquences du régime politique athée dont les générations successives absorbent, à tout moment, dès l'enfance, le poison. D'un pas égal et sûr, tout le pays s'enfonce de plus en plus dans l'erreur et dans le mal.

Le communisme résulte de plusieurs causes dont le régime électif, parlementaire, républicain, n'est pas la moindre. Dès lors que le pouvoir dépend entièrement du plus grand nombre, il est nécessairement l'expression de l'incompétence, de l'ignorance, de l'erreur et des passions, ou de leur exploitation réfléchie, calculée, méthodique, par des politiciens de profession qui les utilisent pour leur intérêt personnel, ou dans un intérêt de parti, ou pour le plus grand profit des Puissances étrangères qui les manœuvrent ou les soudoient. Mais ces chefs élus subissent nécessairement aussi la pression de la masse et le joug de la loi imposant la direction la plus aisée et la plus sûre qui lui puisse être imprimée : il y a un moyen invariablement efficace de la mettre en mouvement et qui a été de tout temps employé dans tous les régimes démocratiques, c'est d'y semer l'envie, qui lève si naturellement et foisonne si vite, contre les mieux partagés par la naissance, les qualités intellectuelles et morales, le travail et la chance. Le procédé est infaillible : le petit nombre est livré en pâture au grand nombre qui n'est repu que s'il l'a dévoré. Après quoi, sa passion est satisfaite et sa détresse sans limites. Mais il est trop tard : quand Démos s'en aperçoit, sa ruine est consommée et le mal sans remède — si ce n'est que tout est à refaire, en commençant par revenir aux vrais principes de la Politique, qui avaient été méconnus.

L'histoire du demi-siècle de IIIe République, nous trace la courbe éloquente du mal qu'un mauvais régime politique engendre. Nous sommes passés de l'opportunisme au radicalisme, au radicalisme-socialiste, au socialisme où nous sommes entrés depuis vingt-cinq ans par la décision des républicains « modérés » — Waldeck-Rousseau et Poincaré, auteurs de la fiscalité progressivement spoliatrice sur le revenu et sur les successions — en attendant d'être précipités dans la gueule large ouverte du communisme. Et rien n'a pu arrêter cette course à l'abîme, ni les efforts des honnêtes gens, ni les bêlements admiratifs, courbettes, sourires et compromissions des niais. La logique interne de notre régime républicain, le fonctionnement mécanique de nos institutions ont eu raison de tout. La solution du problème est, comme le problème lui-même, complexe : mais il faut être bête ou fou pour n'y point discerner l'extrême importance de la pure politique constitutionnelle.

Par une très habile tactique et grâce à d'innombrables complicités, les révolutionnaires s'efforcent d'endormir les élites sociales, les classes dites dirigeantes et même la caste gouvernante élue. Ils évitent tout particulièrement d'attaquer la religion et le clergé dont ils tiennent à flatter les tendances démocratiques et qu'ils cherchent à induire en confiance (1). Ils

(1) « ...Soutenons de nos sympathies l'ecclésiastique conquis par l'esprit d'émancipation démocratique et républicaine ; ne le traitons pas en ennemi, nous, Francs-Maçons, qui devons

désarment ainsi leurs adversaires à la veille du combat décisif et s'efforcent même de nouer avec eux les liens d'une complicité tacite. L'œuvre de réalisation communiste en serait grandement facilitée. C'est ainsi que les événements se sont succédé en Russie. Le clergé y a accueilli avec bienveillance la Révolution qui, jusqu'à ce qu'elle fût affermie, s'est bien gardée de brusquer son offensive contre le christianisme ; mais, par la suite, elle a déchaîné une persécution atroce, provoqué le schisme en créant une Église constitutionnelle, l'Église Rouge, et accru le désarroi des âmes demeurées fidèles en dépit de l'athéisme d'État.

IV. — Il est impossible de n'être pas frappé par les analogies que présente l'état d'esprit

posséder la lumière et en faire bénéficier autrui ! Le vieil anticléricalisme mangeur de prêtres a vécu. Il nous faut maintenant convertir à notre philosophie ceux qui sont portés à penser par eux-mêmes ; or, sous la calotte suspecte, nous risquons de rencontrer des cerveaux mieux préparés que beaucoup d'autres à nous comprendre ».

(Conférence du F. Oswald Wirth, faite le 8 juin 1927 à la loge « Union latine » sur ce sujet : « Mes relations avec les représentants de Dieu ». V. *le Bulletin hebdomadaire des loges de la région parisienne*, 5 juin 1927, p. 16 et la revue *Le Symbolisme*, mai 1927, p. 132-133, cités par *Les Cahiers de l'Ordre*, janvier 1928, p. 564).

public contemporain avec l'état d'esprit public à la veille de 89.

Vers la fin du XVIIIe siècle, les doctrines qui devaient démolir la société française traditionnelle et infester la France issue de la Révolution de ferments propres à dissoudre toute société de haute civilisation et de civilisation chrétienne, pénètrent les hautes classes, le clergé, la noblesse, la bourgeoisie, envahissent la Cour, gagnent les conseillers du Roi : ils se montrent férus des réformateurs, entrent avec enthousiasme dans le mouvement des idées, poussent aux roues du char révolutionnaire qui devait les broyer. En 1780, les corps militaires dits « privilégiés », composés de nobles, anciens officiers, prêts à sacrifier leur vie pour le roi, sont supprimés par économie. On raille les officiers qui, par esprit de devoir, ne s'en remettent pas entièrement aux sous-officiers du souci de commander leurs régiments. L'uniforme n'est plus admis à la Cour. A cette époque « sensible », qui précédait de peu la sanglante tourmente, une brise de pacifisme soufflait : l'homme n'était-il pas foncièrement bon, né vertueux? Ne convenait-il pas de s'abandonner à l'excellence de la nature? Après quelques années de ce rêve enchanteur, quel réveil ! Ainsi, aujourd'hui. La société française contemporaine acceptera-t-elle de s'effondrer, comme celle du XVIIIe siècle, dans un abîme de sang ? A l'approche des pires tourmentes, le désordre s'empare des défenseurs qualifiés de l'ordre : c'est le grand vertige prémonitoire des grandes catastrophes. Mais n'y a-t-il pas tout de même, chez nous, à cette heure, assez d'honnêtes gens qui ont tout vu, compris et prévu, jusqu'aux moyens à mettre en œuvre pour barrer la route à la Révolution et restaurer l'ordre français ?

V. — Rappelons-nous les déclarations d'un orateur de la rue de la Grange-aux-Belles : « Le temps n'est plus où nous disions aux jeunes soldats de déserter ! Non ! Nous leur disons maintenant : Entrez dans l'armée, mais pour y faire de la propagande et la conquérir au communisme ! On ne fait pas de Révolution contre l'armée : c'est avec l'armée qu'on fait la Révolution ! » Ainsi agissent-ils : l'armée — comme la marine, la police, les grandes administrations de l'État, les grands services publics, chemins de fer, postes et télégraphes — est l'objet d'un travail de termites dont le résultat troublant nous est apparu au cours des mois de juillet et d'août 1927 où tant de faits d'indiscipline grave, de mutinerie même, se sont multipliés parmi les réservistes appelés à accomplir une période d'instruction.. Tout dans l'État est vermoulu. Un jour est proche où, à la profonde stupeur des sots, tout s'effondrera — à moins que... car, enfin, il y a encore des Français qui veillent sur le destin de la France ! Il n'en faut pas moins connaître exactement la nature et l'étendue du péril qu'elle court. On évalue au tiers des effectifs de la police parisienne le nombre des agents acquis aux idées communistes. Les complicités gouvernementales résultent des facilités laissées aux révolutionnaires pour poursuivre leur propagande jusqu'aux portes des usines : la diffusion du mal, loin de rencontrer aucun obstacle, bénéficie de toutes les complaisances officielles (1). Le soir d'émeute du 23 août 1927 fut une expérience tentée avec succès par les chefs communistes, d'après un programme mûrement réfléchi. Ils recommenceront

(1) La répression des tentatives de manifestations du 1er mai 1929 n'est qu'un épisode sans lendemain, comme le fut la répression par Millerand de l'essai de grève révolutionnaire des cheminots, le 1er mai 1920.

quand ils voudront, dans les conditions qu'ils auront choisies. La Révolution gronde. Et Paris est sans défense : la garnison militaire est moins que le fantôme d'une garnison : les forts, dépôts d'armes et munitions, édifices gouvernementaux, gares, points stratégiques et lignes de communication restent à la merci de plusieurs centaines de milliers de révolutionnaires que l'état-major communiste, doublure de l'état-major soviétique, est tout prêt à mobiliser (1).

Le gouvernement laisse faire, laisse passer. On dirait que toutes les forces de l'État sont tournées à la ruine de l'État, que la puissance publique s'acharne à favoriser la destruction de toutes les garanties de sécurité dont elle a la garde et la responsabilité. A vrai dire, il n'y a plus d'État, mais une organisation permanente de trahison des droits et intérêts des citoyens et de la nation même par les détenteurs du pouvoir, véritable association de profiteurs et de malfaiteurs. Ainsi apparaît-il, avec une évidence toujours accrue, que le problème central, que

(1) V. Coty, *Contre le communisme*. Cette situation est d'autant plus grave que la crise économique ne peut que l'aggraver et que le coût de la vie augmente : « C'est le printemps. La sève monte. Les prix aussi ». (*L'Œuvre*, 20 mars 1928).

notre société civile pose au point de vue humain et qui devient chaque jour plus aigu, est un problème de réfection, réforme, refonte de l'État, un problème politique.

Si le communisme échoue dans son entreprise violente — et la Puissance occulte qui gouverne dans le secret, s'emploiera de son mieux à cet échec — la situation, améliorée en apparence par la disparition de cette menace brutale de réalisation directe et immédiate, sera, au contraire, en réalité aggravée par le retour aux méthodes prudentes et insidieuses de réalisation progressive du programme socialiste. Au lieu d'être sauvagement déchiré, le corps de la nation sera, sous le chloroforme, découpé savamment. L'œuvre de socialisation graduelle, habilement dosée, commencée, voilà bientôt cinquante ans, par la laïcisation de l'État, par le divorce et l'école athée, par le jeu régulier des institutions électives asservissant les consciences, les volontés, les âmes, continuée depuis vingt-cinq ans par l'introduction du principe de la fiscalité progressivement spoliatrice [1], se poursuivra par l'étatisation

(1) Le budget de 1927 s'est élevé, pour l'État, les départements et les communes, à 51 milliards. Le revenu total de la

croissante des entreprises, la destruction des fortunes privées, la suppression de l'héritage, la dissolution morale et matérielle de la famille, réalisant peu à peu le communisme des biens et des personnes, l'esclavage intégral, idéal de la Révolution française dont la IIIe République est fille, héritière, agent d'exécution. Rien de plus redoutable que l'invasion lente et silencieuse, sous la pression du législateur et avec la complicité d'une opinion endormie ou engourdie, ou paresseuse, ou lâche, ou simplement trompée, des derniers domaines où s'étaient réfugiés les derniers débris de nos droits.

Voici donc la perspective qui s'ouvre devant nous : ou la catastrophe, ou le lent crépuscule — l'une qui peut provoquer un dernier sursaut d'énergie, l'autre qui aura raison des derniers simulacres de résistance — mais, dans les deux

France étant de 150 milliards, les contribuables versent à l'État le tiers de leurs revenus, gains et profits, alors que les Anglais n'en versent que le quart, les Allemands 18 0/0 et les citoyens des États-Unis 15 0/0. En 1928, le budget français a perçu un supplément de 13 milliards, soit un total de 64 milliards, soit 40 0/0 du total des revenus français. Et nos colonies ne sont pas mises en valeur, nos routes et canaux ont besoin d'une réfection totale, notre territoire et ses côtes ne sont pas en état de défense, notre armement est très insuffisant, notre armée affaiblie, notre marine presque anéantie.

cas, la Révolution; si les chemins sont différents, le point d'arrivée est le même. A vrai dire, il n'y a qu'un chemin, le chemin en lacets; l'autre est si court qu'il y suffit de l'espace pour prendre son élan et, d'un bond, sauter dans l'abîme.

Toute la question est de savoir si nous ferons la Révolution par une révolution ou par une évolution.

Mais cette question en pose une autre et, à ce dilemme, s'en oppose un autre : Révolution ou Restauration.

Nous sommes à la croisée des chemins. Aux Français de choisir. Ce qui pèse sur la destinée de notre pays, pour son malheur, c'est son État jacobin, qui le trouble, le divise, le pervertit, l'affaiblit et menace de l'anéantir. Le corps de la nation est malade parce que la tête l'est. C'est par la tête que pourrit le poisson. L'État est la clef de voûte de l'édifice civil. Toute la vie séculière de la société civile dépend de l'État. La réorganisation de la société civile est essentiellement un problème d'État. La constitution politique de l'État tient sous sa dépendance l'activité économique de la société et toute la vie nationale. Si l'espoir du salut n'est pas perdu, c'est que les

Français valent mieux que ne le font paraître ou supposer les modifications, superficielles ou profondes, qu'ils subissent sous les pressions du gouvernement. Avec leur souplesse d'esprit, leur vivacité de compréhension et d'assimilation, leur puissance d'improvisation et de rétablissement, les qualités solides qui forment le fond de leur nature, avec leur moralité instinctive et leur équilibre de jugement, il suffirait d'une réforme de l'État, d'un retour à la politique traditionnelle, d'une restauration de la Constitution historique française, pour provoquer un rebondissement de tout le pays qui nous ferait entrer dans une des périodes les plus brillantes que nous ayons connues.

Restauration ou Révolution, Monarchie ou République, renaître ou périr : voilà le dilemme.

Le Roi est condition de notre salut.

TABLE DES MATIÈRES

TABLE DES MATIÈRES

BAR-LE-DUC. — IMPRIMERIE COMTE-JACQUET (9-1929.)

SOUS LA GRIFFE DE MOSCOU

www.ingramcontent.com/pod-product-compliance
Ingram Content Group UK Ltd.
Pitfield, Milton Keynes, MK11 3LW, UK
UKHW022053260726
13993UKWH00001B/98